**Determinismo e indeterminismo
en las Ciencias Sociales**

Ensayos de filosofía de la ciencia.

Teresa Porzecanski

I. *Consideraciones generales*

> *"Estoy convencido de que la Física Teórica es, realmente, filosofía. Ha derribado conceptos básicos, por ejemplo, sobre el espacio y el tiempo (Relatividad), la causalidad (Teoría Cuántica), sobre la sustancia y la materia (Atomística) y nos ha enseñado nuevos métodos de pensamiento (Complementariedad) que son aplicables más allá de la Física".*
> MAX BORN

Estas observaciones de Born nos introducen en un tema poco tratado, aun cuando se refiere a descubrimientos científicos que se desarrollan a partir de los comienzos de este siglo, pero que, tal vez, no han sido todavía suficientemente analizados en el ámbito de sus consecuencias filosóficas y epistemológicas, y en relación al pensamiento científico en general. Una brecha se abre, entonces, en el panorama hasta ese momento preciso de la ciencia, cuando la Física se interna en un enfoque nuevo de la experiencia, comprensivo, pero hasta cierto punto opuesto, al punto de vista clásico desarrollado por Newton.

Muchos teóricos coinciden, hoy día, en que la Física Clásica ha descripto la realidad como una máquina de movimiento perpetuo y repetible. Subraya, asimismo, Born: "La mecánica de Newton es determinista en el siguiente sentido: una vez fijado con precisión el estado inicial de un sistema, se puede calcular, a partir de las leyes mecánicas, su estado en cualquier otro instante (anterior o posterior). Todas las demás ramas de la Física Clásica se construyeron siguiendo este modelo. Poco a poco, el determinismo mecánico fue convirtiéndose en una especie de artículo de fe: el mundo como máquina, como autómata"[1]. Deberíamos quizás asimilar a esta idea la concepción que es posteriormente hecha extensiva a la sociedad "organicista" de Spencer, construyendo, para las ciencias sociales, una trama o red de funcionamiento autónomo y preciso.

Por otra parte, los descubrimientos que se desarrollan a partir de los principios del siglo XX culminan con dos temáticas fundamentales: la Teoría de la Relatividad y la Teoría de los Cuantas. Ambas llegan a configurar eventos de igual calibre que los descubrimientos de Galileo, si se tiene en cuenta la dimensión de sus implicancias. De la misma manera que el universo pre-copernicano se ve amenazado en sus fundamentos por los nuevos conceptos que desarrollaría la concepción heliocéntrica del universo, los presupuestos de la física mecanicista de Newton se ven desafiados por un conjunto de precisiones científicas que intentan ajustar mejor la interpretación de la experiencia, dejando al descubierto, paradójicamente, la descripción de un universo distinto, aunque

---

1

Born, Max y Hedwig. *Ciencia y conciencia en la Era Atómica.* Alianza Editorial, Madrid, 1971. Pág. 111.

no necesariamente inteligible. Tal como ha anotado Koestler: "Cada nuevo paso de progreso en la teoría física, con su copiosa cosecha técnica, se pagaba con una pérdida de inteligibilidad"[2].

Esta pérdida de inteligibilidad de la Física se inicia a través de la ruptura abrupta con el cúmulo de verdades senso-perceptivas inherentes a la apariencia de un mundo cercano y comprensible: sonido, olor, sabor, tacto. Aparecen éstos, como atributos de un contexto inmediato y engañoso, de un universo aprehensible sensorialmente como ilusión que encubre otra verdad recóndita, medible solamente por la abstracción racional y otras leyes generales de congruencia lógica. Inevitablemente, el mundo cotidiano comienza a alejarse más y más del mundo del científico. La Física empieza a crecer en base a la coherencia interna de su construcción metodológica y experimental y pierde todo contacto con el comportamiento social.

Por otra parte, la creciente complejidad de las descripciones científicas en las ciencias exactas acentúa este alejamiento: la ciencia deja de referirse a "cosas" reconocibles, familiares, próximas, y se refiere a "las relaciones matemáticas que hay entre ciertas abstracciones que obran como residuo de las cosas desvanecidas"[3]. Consecuentes con este esoterismo –por llamarlo de alguna manera– de la ciencia, los objetivos dejan de ser explicativos. Las leyes se centran en la descripción de cómo ocurren los fenómenos, pero no pueden aspirar a explicaciones profundas y exhaustivas de la esencia de los mismos. "La certeza de que la ciencia pueda explicar cómo cesan las cosas empezó a debilitarse hace más de veinte años. Y actualmente nos preguntamos si el hombre de ciencia estará siquiera en contacto con la 'realidad' o puede tener esperanza de llegar algún día a estarlo"[4].

El abismo entre el mundo de verdades científicas y el mundo cercano y perceptible es el antecedente más definitivo en la tradicional separación entre las Ciencias no-sociales y las Ciencias Sociales. En primera instancia, porque el objeto de estudio de estas últimas nace de una preocupación explicativa de los comportamientos humanos, de hechos históricos, de construcciones y configuraciones que se constatan a partir del análisis de la percepción y sensación de una realidad próxima. Así, las Ciencias Sociales se generan por una preocupación por comprender al hombre dentro de sus marcos relacionales y no pueden permitirse, por tanto, el desarraigo de la experiencia inmediata, porque su objetivo se distorsionaría. La percepción de un mundo cercano y contradictorio, móvil y cambiante, y la aspiración a interpretarlo, son el punto

2   Koestler, Arthur. *Los Sonámbulos*. Editorial Universitaria de Buenos Aires, Buenos Aires, 1963. Pág. 518.

3

Koestler, Arthur. Op. Cit. Pág. 522

4

Barnett, L. *El universo y el Doctor Einstein*. Fondo de Cultura Económica, México, 1971. Pág. 11.

de partida de la especulación histórica y sociológica, y su punto de incidencia es, nuevamente, esa realidad: no se trata del conocimiento "per se" de verdades esenciales y abstractas sino el encuentro de regularidades que hagan comprensibles las problemáticas históricas.

A pesar de ello, las Ciencias Sociales no han tenido un desarrollo autónomo ni pudieron crear, desde sus comienzos, modelos propios. Sus primeras tipologías son trasplantes de concepciones naturalistas o biologistas más o menos adecuadas a los ámbitos de los hechos sociales. El universo mecanicista newtoniano es trasladado a las Ciencias Sociales (positivismo, organicismo, estructuralismo) dando lugar a la imagen de un mundo básicamente "ordenado" que surge y se desenvuelve como resultado de etapas de creciente complejidad (evolucionismo) y cuyas partes se encuentran en un equilibrio de interdependencia que tiende a perpetuarse (funcionalismo) sobre una estructura autónoma (estructuralismo). Así, indirectamente, el plano de conjunción de las Ciencias Naturales y las Ciencias Sociales ha sido, a lo largo de las décadas, el de las diversas ideologías que subyacen a los planteos científicos, el de las concepciones de mundo que están produciendo tesituras científicas, el de una especulación inmanente a la tan proclamada "objetividad" del conocimiento.

Este es el tema al que se refiere Max Born cuando denota que la Física Teórica es, antes que nada, filosofía. No se trata, sin embargo, de una mera especulación, sino de la formulación coherente que busca un vínculo empírico unitario yacente debajo de toda la disparidad fluida del mundo y de las diversas sociedades. Tanto las Ciencias Naturales –en este caso la Física– como las Ciencias Sociales, pueden crecer sin vincularse: las primeras, enfatizando su construcción logística y experimental, las segundas, por su espíritu discursivo, pero hay un instante en el que estos crecimientos autónomos se detienen. Es el punto en el que el nivel de precisión requerido exige resolver el nexo *sujeto-objeto de conocimiento*.

II. *Aspectos del problema*

Muchas son las dificultades que han debido definir y enfrentar las Ciencias Sociales en relación a la construcción de su propia teoría en tanto la esencia de la realidad determina a sus objetivos, algunas peculiaridades epistemológicas.

a) La cualidad propia de los hechos sociales no ha podido ser satisfactoriamente "aislada". Las mayores dificultades se generan –en cuanto a la metodología científica– al tener que tomar en cuenta obligatoriamente una multiplicidad de variables, directas e indirectas, cuya interrelación, respecto del hecho social que se pretende analizar, sólo puede ser pasible de mediciones groseras. O sea, los fenómenos que ocurren a nivel de lo social, en tanto se asientan en torno a las conductas humanas sólo admiten tipificaciones esquemáticas. Las categorías de medición dependen siempre, en última instancia, de la óptica del investigador y de la teoría interpretativa a través de la que intente el ordenamiento de los datos de un conjunto.
Esta imposibilidad de "aislamiento" de los hechos sociales provoca el fracaso de la aplicación del método experimental, que ha sido el modelo de investigación para las ciencias naturales. No se han podido validar estudios de hechos sociales tomados como completamente independientes de sus contextos, ni tampoco, experimentación deliberada de tipo laboratorio, a excepción de la casuística de corte etnológico, pero que sólo provee claves para su propio contexto, y de la que es imposible una inferencia generalizada.
Ello implica que las posibles interrelaciones entre hechos sociales, causales o no, no pueden ser –de hecho– verificadas. La hipotética de las mismas pertenece, más bien, a las esferas de las interpretaciones ideológicas que se desprenden de doctrinas históricas y filosóficas.

b) Los mismos datos aportados por investigaciones de campo, en ciencias humanas, son pasibles, consecuentemente, de ser permanentemente re-interpretados. Estas re-interpretaciones generan nuevas concepciones de la realidad, alternándose en diversas realidades sociales "teorizadas".

c) La aspiración de los científicos sociales de crear leyes explicativas universales implica la consideración de contextos macrosociales a través del método científico, cosa que es imposible de realizar a partir de una casuística particular. En la alternativa de independizarse de ésta, las teorías de las Ciencias Sociales se alejan de la necesidad de explicación detallada y de medición precisa de los contextos "micro". Ello ha impedido, entre otras cosas, la factibilidad de una ciencia social aplicada y la determinación de finalidades científicas consecuentes con dicha aplicación, favoreciendo, por el contrario, la introducción "desde afuera del contexto" de tesituras moralistas e ideológicas.

d) Las ciencias sociales no han generado su teoría estrictamente a partir de la realidad y de la acción transformadora del hombre dentro de ella, sino que un amplio margen de sus contenidos ha sido elaborado copiando los modelos de las ciencias naturales y a partir de la coherencia interna de las leyes de la lógica formal. Teniendo en cuenta las manifestaciones de Bunge[5] y Popper[6], la refutación completa o la prueba completa de las hipótesis de las ciencias fácticas sólo indican que, a través de la experiencia, se verifica que alguna característica del sistema falla o se ratifica, pero que resta aún un gran margen del sistema que no se invalida por su contrastación empírica. En otras palabras, para las ciencias fácticas, la experiencia no es la única manera de dar validez a un sistema científico, puesto que éste debe contrastarse, además, con el resto de sistemas construidos y aceptados. La consecuencia más saliente de estas proposiciones del método hipotético-deductivo es que si la experiencia no es la única manera de dar validez a un sistema científico, la ciencia sigue siendo, en parte, una construcción teórica que puede crecer por sus propias reglas logísticas y no un resultado directo de la praxis social. Si bien ello aparece coherente para las Ciencias Naturales, en cuanto a las Ciencias Sociales, contradice abruptamente el historicismo en el que están insertas, la consideración de que constituyen, en definitiva, un producto histórico.

e) La imposibilidad de precisar, determinar, medir exactamente los hechos sociales debido a que justamente ellos se manifiestan como materia móvil, fluida, compleja. Las Ciencias Sociales no han tenido otra alternativa que copiar los métodos de medición de las Ciencias Exactas, lo que ha resultado en paradoja, al referirlo a la realidad social. En efecto, esta última ha evidenciado una suerte de "no exactitud primigenia", por lo menos, en relación a los instrumentos de medición: un alto grado de indeterminación. Los propios criterios con los que se establecen las variables y las gradaciones o escalas de variables no escapan al historicismo que envuelve la misma génesis de las Ciencias Sociales. El panorama de la estadística arroja poca luz sobre la *comprensión causal* del comportamiento social y difícilmente incluye y contempla *todas* las variables atendibles. Estas sólo serán definidas cuando el investigador se provea de una concepción de mundo que ya implica –de por sí– una exégesis, y serán jerarquizadas, asimismo, en función de esa "*weltaunschaung*". Pero siempre podrán ser quitadas o agregadas al campo de los datos, nuevas variables, de acuerdo a quien corresponda la interpretación del caso. La combinación y medición graduada de las mismas, también podrá ser alterada arbitrariamente[7].

Me refiero al libro *Lógica y Relato en Trabajo Social*. Editorial Hvmanitas, Buenos Aires, 1974. En el apéndice hago un análisis comparativo entre el método hipotético-deductivo y el método dialéctico, y analizo la función de la práctica en la validación de las hipótesis teóricas. (N. de la A.).

6

Ver Bunge, Mario: *¿Cuál es el método de la ciencia?* F.C.U. Montevideo.

7

La aspiración de las tendencias que, en Ciencias Sociales, aspiran al uso de leyes probabilísticas similares a las de la Física, cae por su base cuando se enfrenta con los reiterados objetivos explicativos de la Ciencia Social, ya que la probabilística es solamente una manera descriptiva de consideración, y no puede manifestarse sobre estrictas relaciones causales entre datos, ni aun, propiamente, entre datos co-variantes.

f) Tal como hace notar Godelier[8], el método hipotético-deductivo aparece como insuficiente para el análisis de un contexto teórico y no puede prescindir de un análisis dialéctico de las contradicciones que aparecen. Se implica aquí la paradoja propia del afán "cientificista" de las Ciencias Sociales: el método hipotético-deductivo sirve para el análisis de las relaciones lógicas entre categorías de un sistema, jerarquizándolas a partir de una "génesis ideal", pero no se sitúa en el desarrollo espacio-temporal del hecho social, y por lo tanto, no puede llegar a determinarlo. El método hipotético-deductivo, coherente con su lógica formalista, tiene acceso mayormente a las partes del contenido estudiado y a cómo ellas configuran lógicamente una unidad, pero no comprehende la transformación situacional de ese contenido, su complejidad y fluidez, el cambio social. De allí que uno de los mayores "*handicaps*" del estructural-funcionalismo es que contradice el propio objeto social que estudia, cuando tiende a estatizarlo[9].

g) La posibilidad de utilización del método dialéctico en Ciencias Sociales sugiere salvar algunas de las dificultades anotadas, pero aun así, la lógica dialéctica configura un comienzo, solamente, y no resuelve la totalidad de esta problemática, como veremos luego en el capítulo VIII.

Finalmente, cabe acotar que las Ciencias Sociales, en su rango de "ciencias no-exactas" tienen marcado su futuro desarrollo por algunas cuestiones tales como: ¿Las Ciencias Sociales deben ser consideradas "ciencias", "ciencias en estado de crecimiento que aún no han alcanzado su madurez", "pseudo-ciencias", o bien, "teorías ideológicas puras"? ¿Cuáles son los requisitos para el conocimiento científico, hoy? ¿Qué tipo de lógica o lógicas deben regirlos? ¿Cómo relacionar el concepto de "ciencia" con el de una "ética intrínseca"? ¿Qué finalidades debe tener la ciencia? ¿Surgen éstas de otro contexto –no-científico– o se desprenden directamente del propio conocimiento científico "*per se*"? ¿Cuál es la relación entre

---

Ver Popper, Karl: *Algunos problemas fundamentales de la lógica de la Ciencia*. Fundación de Cultura Universitaria. Montevideo.

8

Ver Godelier, Maurice: *Racionalidad e irracionalidad en la economía*. Siglo XXI, México, 1967. Pág. 149 y sig.

9

Porzecanski, Teresa. Op. Cit. Pág. 100 y sig,

formas de racionalidad y conocimiento científico? ¿Qué significa "pautas racionales comunes a toda teoría científica"? ¿Qué relación última existe entre pensamiento y realidad?

En la base misma de todos estos cuestionamientos, está justamente el tema que retomaremos más adelante: la cuestión "objetivismo-subjetivismo" planteada a lo largo de todo el desarrollo filosófico y reactualizada ahora que las Ciencias Sociales se acercan a su crisis más aguda.

III. *Universalismo y anti-universalismo en las Ciencias Sociales*

"¿Cómo puedo estar seguro, digamos, de mi análisis sociológico de las costumbres de la clase media norteamericana en vista del hecho de que las categorías que utilizo para dicho análisis están condicionadas por formas de pensamiento históricamente relativas: de que yo mismo y todo lo que yo pienso estamos determinados por mis genes y por mi arraigada (hostilidad) hacia mis semejantes, y de que, para colmo, yo mismo formo parte de la clase media norteamericana"
BERGER Y LUCKMANN
("La construcción social de la realidad")

Muchas de las cuestiones anteriormente planteadas tienen relación con este dilema fundamental de las Ciencias Sociales: su afán interpretativo de los hechos sociales está inmerso en los propios hechos sociales y su circunstancia. "La sociología del conocimiento derivó de Marx su proposición básica de que la conciencia del hombre está determinada por su ser social"[10], instituyendo así una contradicción enraizada en la génesis misma de las teorías sociales e históricas. Las alternativas son pocas: o bien, la investigación de las posibilidades reales de un pensamiento totalmente independiente de la circunstancia, es decir, "objetivo", o bien, determinar como margen de error, el grado exacto en que una teoría científica refleja los factores históricos que influyeron en los autores de sus postulados básicos.

"Este problema puede describirse como el vértigo de la relatividad", afirman Berger y Luckmann. "Su dimensión epistemológica resulta evidente. A nivel empírico llevó a la preocupación de investigar lo más concienzudamente posible las relaciones concretas entre el pensamiento y sus situaciones históricas"[11]. Una primera consecuencia de este planteo es que las Ciencias Sociales no tienen validez universal por el propio condicionamiento que rige la creación de su teoría. Estas limitaciones, evidenciadas con rigor en el caso de la utilización del método hipotético-deductivo, se agudizan más aún con la utilización del método dialéctico, puesto que no podrían trascender, entonces, los cuestionamientos inherentes a la inducción. Si la teoría en las Ciencias Sociales se construyera estrictamente a partir

---

10

Berger y Luckmann. *La construcción social de la realidad.* Amorrortu Ediciones S.C.A. Buenos Aires, 1968. Pág. 18.

11

Berger y Luckmann. Op. Cit. Pág. 17.

de la práctica social[12], tendría validez específicamente dentro del contexto del que surge. Por lo tanto, se trataría de teorías microsociales y no, de alcance general.

La pretensión universalista de los científicos sociales de proveer teorías explicativas para grandes configuraciones sociales y culturales no condice con un criterio dialéctico de la conformación científica, criterio que es esencialmente relativista, que propugna que la verdad completa es sólo un conjunto de verdades parciales, que permite una idéntica apertura frente a teorías contrapuestas y excluyentes y la necesidad de que las concepciones teóricas incluyan, por esencia, un elemento ambivalente, contradictorio, dialéctico. Si bien las filosofías positivistas podían atribuirse el afán de construir una teoría interpretativa de alcance universal, las filosofías dialécticas sólo pueden construirse por la existencia de teorías de corto alcance, parcializadas, que, superadas, serán naturalmente sustituidas por otras contrapuestas, en un proceso de gran flexibilización y dinámica. Sin embargo, para ser consecuentes con la historicidad de que hablábamos anteriormente, es necesario concebir a la interpretación dialéctica dentro de las mismas condicionantes que enfatiza: se trata de una interpretación de una sociedad determinada, un producto histórico de la cultura occidental del siglo XIX, con aspiraciones de universalismo. Si no lo hiciéramos así, caeríamos en los mismos vicios de los que tratamos de escapar.

La paradoja que de esto se desprende inaugura un principio de relativismo difícil de aceptar para la Ciencia Social: el de particularismo, o bien, de la vigencia relativa de cada teoría a un contexto delimitado en cada caso, en cada tiempo, en cada lugar. Un reconocimiento de esta condicionante desterraría la ambición de 'universalismo' calcada del afán de las Ciencias Exactas y Naturales. Estas, porque no se producen predominantemente de una práctica social, sino que se articulan por la experimentación controlada y las reglas de la lógica formal, se han instalado en un nivel de universalismo preciso, adecuado para su crecimiento autónomo.

Es por esta tendencia desesperada por ocupar un status similar al de las Ciencias Exactas y Naturales, que las Ciencias Sociales han generado muchos de los aparentes problemas que registra su desarrollo histórico. El empirismo lógico, el operacionalismo, el formalismo, el funcionalismo, son algunos ejemplos de esta intención exacerbada por copiar modelos formales a ultranza. Como lo señala Wartofsky: "Los fundamentos clásicos de la teoría social eran en gran medida 'globales'; intentaban asentar con el carácter de 'esenciales' los marcos más amplios o más universales dentro de los cuales pudieran estudiarse significativamente los fenómenos sociales. En efecto, desde las primitivas teorías especulativas genético-sociológicas de Platón, de Séneca y del gran precursor árabe medieval de la sociología Ibn Jaldun, pasando por las teorías clásicas del siglo XIX y principios del XX de pensadores tales como Compte, Marx, Spencer, Tawney, Weber, Pareto, Sorel y Spengler, hasta la sociología histórica y teorética contemporánea de Toynbee, Sorokin, Talcott Parsons y C. Wright Mills, la orientación de esta sociología ha sido sintética y sistemática: intentaba establecer cierta coherencia en la masa de fenómenos de la organización y el desarrollo

---

12

Utilizamos "práctica social" en el sentido althusseriano, lo que involucra algo más que el término "experiencia": transformación de una materia dada a través de la acción humana.

humanos"[13]. Enfatizando las paradojas que señalábamos anteriormente, Wartofsky agrega: "La crítica más frecuente a esta sociología sistemática es que es especulativa, no experimental, o bien que su empirismo se limita a poner orden en los hechos acumulados, pero no se vale de métodos de contrastación y de medida, que son los únicos que pueden dar origen a una ciencia de la sociedad; en suma, lo que esta crítica dice es que tal sociología es realmente una rama del saber histórico y que la historia no es una ciencia (no lo es, dicho específicamente, en el sentido de que sus presuntas 'leyes' son incontrastables e infalsables, bien por ser irremediablemente vagas o conllevar su propio cumplimiento, o porque los hechos de la historia son hechos únicos y no se prestan a una formulación legaliforme, sino únicamente a una interpretación plausible). Así, en el mejor de los casos, esta sociología del desarrollo, histórica, sólo puede sugerir, como la historia, 'tendencias' o 'direcciones', o bien caracterizaciones cualitativas generales de pautas que se sigan, carentes de fuerza predictiva, sea cual fuere su valor heurístico"[14].

La contracrítica a estas observaciones, a las que se une fundamentalmente Popper, tal como estudiaremos en el capítulo V, es que ellas parten de un afán mucho más audaz que aquel en que se sitúa la 'especulación' sociológica: aspirar a una conjunción definitiva y absoluta con los modelos de las Ciencias Formales, proponiendo al método hipotético-deductivo como única garantía de cientificismo. La propia imposibilidad de medición exacta y el límite del determinismo deliberado de las variables de los hechos sociales, derroca, igualmente, estas propuestas de un neo-positivismo. El fracaso de la experimentación controlada, y el hecho de que los datos adquieren validez en relación a un contexto interpretativo y solamente en relación a él, nos permiten vislumbrar el nuevo dogmatismo de estas tesituras. Asimismo, la gradación y jerarquización de las variables a medir, la propia distinción de éstas, los métodos y aparatos de medición elegidos para la tarea, no escapan a la génesis historicista a la que pretenden invalidar. El tan ansiado objetivismo a que quieren llegar, está, después de todo, elaborado por hombres, *es un comportamiento social.*

13

Wartofsky, Marx. W. *Introducción a la filosofía de la ciencia.* Alianza Editorial, Madrid, 1973. Tomo 2. Pág. 498.

14

Wartofsky, Marx. W. Op. Cit. Pág. 498.

IV. *El problema de la causación en las Ciencias Sociales*

Como hemos visto, la aspiración de universalismo que envuelve tanto la logística formal como la logística dialéctica en las Ciencias Sociales ocurre por la búsqueda de interrelaciones coherentes entre los hechos sociales que permitan cierto grado de predictibilidad. El tipo de interrelación entre hechos, que es de carácter esencialmente explicativo, es la causalidad. Su importancia radica en que "es una suposición sintética 'a priori' que no puede justificarse simplemente por generalizaciones empíricas inductivas, pero que se necesita como condición para la posibilidad de un conocimiento racional. Por tanto, es el postulado de los postulados de la ciencia, puesto que subyace a la posibilidad misma de que exista cualquier ciencia. Ontológicamente, es la aseveración de la continuidad y uniformidad de la naturaleza; epistemológicamente, es la aseveración de que nada puede llegar a ser conocido si no es bajo la forma de leyes; ahora bien, nada de esto procede de nuestro conocimiento de las leyes, sino que es, más bien, el supuesto previo de que este conocimiento es posible y no ilusorio"[15]. El valor epistemológico de la idea de causalidad es incuestionable, al punto que, como afirma Grunbaum, "si el comportamiento humano, tanto individual como social, no mostrara sucesiones de causa a efecto, entonces el método científico sería esencialmente irrelevante para la elucidación de la naturaleza del hombre y tanto la psicología científica como las ciencias sociales se verían impedidas en forma permanente de alcanzar el estado de ciencias"[16].

Lo que no aparece claro, sin embargo, es si se trata de que el comportamiento humano "muestre" leyes causales, o se trata de que la teoría social "encuentre" o "identifique" leyes causales dentro del comportamiento humano. En otras palabras, las leyes causales, ¿existen en una realidad objetiva o en el proceso racional del pensamiento humano? Según Grunbaum, "el aprendizaje científico o racional a partir de la experiencia pasada consiste en descubrir regularidades causales de las cuales anticipar el futuro"[17] y parecería, entonces, que la causalidad se resuelve

---

15

Wartofsky, Marx W. *Introducción a la filosofía de la ciencia.* Alianza Editorial, Madrid, 1973. Tomo 2. Pág. 403.

16

Grunbaum, Adolf. *La causalidad y las ciencias de la conducta humana.* Cuadernos de Filosofía. Universidad de la República Oriental del Uruguay. F.C.U. Montevideo. Nº 28. Traducido de la Revista American Scientist, Nº 40, 1952.

17

solamente dentro de las formas del pensamiento y no en una manera de ser inherente a la realidad objetiva.

Por otra parte, hay un aspecto moral ligado al postulado de la causalidad: la necesidad de control humano sobre el mundo ("sólo si el comportamiento humano muestra algún tipo de leyes causales es significativo subrayar la necesidad de salvar el abismo peligroso existente entre el control humano de la naturaleza física y su conocimiento científico de sí mismo por el riesgo de destruirse"[18]). La posibilidad de que no sea factible predecir el futuro del desarrollo histórico de manera causal – o de cualquier otra forma– hace que exista inseguridad y terror frente al riesgo de autodestrucción que el pensamiento humano eventualmente afrontaría, en el caso de que las acciones del hombre fueran absolutamente arbitrarias. La sociedad, consecuentemente, carecería de control social y no podría establecer sanciones frente a un accionar impredictible. El pensamiento racional, siguiendo fielmente la tradición que arranca con Descartes, se erige en garantía moral, es un símbolo que el hombre ha reificado para defenderse de sí mismo. Pero, asimismo, ilustra su paradoja más terrible: el ser humano es ambivalente, dual, oscilante y el racionalismo, durante estos últimos siglos, ha demostrado ser protección escasa contra los dogmatismos y las acciones arbitrarias.

Algunos aspectos de estas cuestiones han venido siendo largamente discutidos en la vieja polémica entre determinismo e indeterminismo. Mientras que los deterministas buscan una causalidad que sea comprensible dentro de los hechos observables y dentro de las leyes de racionalidad, los indeterministas afirman que tal causalidad no existe, o bien, que su complejidad impide llegar a caracterizarla porque siempre quedaría un margen de variables ocultas.

Van R. Wilson, determinista, se manifiesta así: "El hecho de que las dificultades epistemológicas en muchas situaciones sociológicas, psicológicas y también biológicas, excluyan nuestro *conocimiento* de cuáles son *todos* los factores causales específicos relevantes en un caso particular, no autoriza la conclusión de que no hay ninguno. La incapacidad presente para especificar los valores de una variable no puede ser interpretada como evidencia de que no existen tales valores"[19]. En tanto que Bridgman, indeterminista, afirma que "no podemos establecer una conexión causal única entre el acontecimiento y otros acontecimientos y situaciones, lo que equivale a su vez a afirmar que hasta el presente no somos capaces de formular ninguna ley de la naturaleza según la cual el acontecimiento dado se desprende de

---

Grunbaum, Adolf. Op. Cit.

18

Grunbaum, Adolf. Op. Cit.

19

Van R. Wilson, H. *Sobre la Causación*, en *Determinismo y Libertad*, de Hook, Sidney y otros. Editorial Fontanella, Barcelona, 1969. Pág. 320.

otras cosas"[20]. La polémica se enriquece, cuando Van R. Wilson vuelve a responder: "Afirmar que existe la necesidad causal global, como una función no meramente de algunos o muchos sino colectivamente de *todos* los factores causales relevantes involucrados (independientemente de su complejidad y de nuestra actual incapacidad para especificarlos exhaustivamente) tiene más sentido que suponer, como lo hacen los indeterministas, que no existe semejante necesidad causal ni siquiera como función de todos los factores causantes relevantes, conocidos o desconocidos, o supone que la ausencia de necesidad causal especificable, en términos de una consideración fragmentaria de los factores que actualmente son conocidos, debe ser equiparada con la ausencia de la necesidad causal en absoluto"[21].

La dilucidación de estas álgidas cuestiones involucradas en el postulado de la causalidad científica atañe fundamentalmente a dos aspectos: a) El conocimiento, control y predictibilidad de una realidad objetiva; b) Las leyes del pensamiento y la lógica de la interpretación científica. Sobre estos aspectos, el nexo pensamiento-realidad objetiva, versarán los desarrollos siguientes.

20

Bridgman, Percy W. *El determinismo en la Ciencia Moderna*, en *Determinismo y Libertad*, de Hook, Sidney y otros. Editorial Fontanella, Barcelona, 1969. Pág. 67 y sig.

21

Van R. Wilson, H. Op. Cit. Pág. 324.

V. *Popper y el final del historicismo*

"...es imposible deducir una oración que exprese una norma o una decisión o, por ejemplo, una propuesta para determinada política, de una oración que exprese un hecho dado, lo cual no es sino una manera complicada de decir que es imposible derivar normas, decisiones o propuestas de los hechos".

POPPER

(Prólogo a "La sociedad abierta y sus enemigos")

Creemos que una de las críticas más lúcidas al historicismo la hace Karl R. Popper en "La miseria del historicismo" (1944) y "La sociedad abierta y sus enemigos". Ambos contienen la audacia necesaria para enfrentar toda una arraigada tradición escolástica y especulativa cuya trayectoria netamente idealista, cae en visibles contradicciones.

La tesitura de Popper tiene que ver con la flexibilidad que él sostiene debe tener el desarrollo del conocimiento humano y la limitación justa de sus alcances: "No podemos predecir, por métodos racionales o científicos, el crecimiento futuro de nuestros conocimientos científicos... No podemos, por tanto, predecir el curso de la historia humana. Esto significa que hemos de rechazar la posibilidad de una *historia teórica*; es decir, de una ciencia histórica y social de la misma naturaleza que la *física teórica*. No puede haber una teoría científica del desarrollo histórico que sirva de base para la predicción histórica"[22]. Para demostrarlo, Popper analiza las dos alternativas de las que se ha valido el historicismo para su subsistencia: la inmersión en los métodos de las doctrinas naturalistas, la adopción de tesituras evolucionistas al estilo darwiniano, por un lado, y por otro, los métodos cuantitativos de las ciencias exactas antinaturalistas y el afán por constituir al historicismo como 'tecnología social'.

Con respecto a la primera, los ataques de Popper se centran en un cuestionamiento de las doctrinas pronaturalistas de Compte y Mill, de las llamadas "leyes naturales de sucesión" y en la ley de progreso[23], casi totalmente extrapoladas de las observaciones biológicas y paleontológicas, y generalizadas, a partir de similitudes aparentes y casuísticas, a hipótesis de alcance universal. Popper sostiene

---

22

Popper, Karl R. *La miseria del historicismo*. Alianza Taurus, Madrid, 1973. Prólogo a la edición de 1957. Pág. 12.

23

Popper, Karl R. Op. Cit. Pág. 120 y sig.

que "la búsqueda de una ley que determine el 'orden invariable' de la evolución no puede de ninguna forma caer dentro del campo del método científico, ya sea en biología, ya en sociología"[24]. Popper entiende que esta búsqueda de universalidad es contradictoria con la especificidad de los casos que se utilizan para ejemplificarla: "Pero no podemos esperar experimentar una hipótesis universal ni encontrar una ley natural aceptable para la ciencia si siempre nos vemos reducidos a la observación de un proceso único. Ni tampoco puede la observación de ese único proceso permitirnos el prever su desarrollo futuro. La más cuidadosa observación de *una* oruga en desarrollo no nos ayudará a predecir su transformación en mariposa"[25]. Es importante esta paradoja que demuestra Popper, pues en Ciencias Sociales, el análisis de casos no puede realizarse dentro de un laboratorio donde se controlen las variables intervinientes, ni puede aislarse del contexto en donde sucede. Las Ciencias Sociales, de acuerdo a estas acotaciones, pueden construirse solamente a partir de un postulado anti-universalista, tal como afirmábamos en el capítulo III.

A lo antedicho, Popper agrega y hace patentes nuevas confusiones de las teorías pronaturalistas, tales como el uso distorsionado de términos como dinámica y estática, inercia y movimiento, extrapolados de la física. Otros excesos son: la validez indiscriminada atribuida a las tendencias históricas, que son utilizadas como "leyes" sin que se haga el esfuerzo para determinar con precisión las condiciones en las cuales estas tendencias adquieren cierto grado de validez plausible, el mal aprovechamiento de la idea comtiana de leyes sucesorias atribuyéndola a una única ley de la naturaleza y desconociendo, por lo tanto, la multiplicidad causal y el entretejido de acciones y reacciones que son factibles en la realidad social: ("Pero no hay una ley única, como la de gravedad, ni siquiera un determinado grupo único de leyes, que pueda describir la real o concreta sucesión de acontecimientos conectados por una relación causal...")[26]; la caducidad de la ley de progreso como "propensión hacia un estado de cosas mejor y más feliz"(Mill). Otras acusaciones implícitas tienen que ver con la absurdidad lógica del método de reducción utilizado para la predictibilidad científica, y la no especificidad de las condiciones iniciales dentro de las que se produce un acontecimiento vinculado con otros por la ley causal.

"Esta es, podemos decirlo, la equivocación central del historicismo. *Sus 'leyes de desarrollo' resultan ser tendencias absolutas; tendencias que, como las leyes, no*

---

[24]

Popper, Karl R. Op. Cit. Pág. 122.

[25]

Popper, Karl R. Op. Cit. Pág. 123.

[26]

Popper; Karl R. Op. Cit. Pág. 132.

dependen de condiciones iniciales y que nos llevan irresistiblemente en una cierta dirección hacia el futuro. Son la base de *profecías* incondicionales, como opuestas a las predicciones condicionales científicas"[27]. Se reitera aquí un cierto abuso de la especulación, de la generalización de casos, y el desconocimiento de las condiciones de ocurrencia de los hechos sociales. Más que de una incompatibilidad explícita con la esencia del historicismo, se trata de detener un exceso de teoría discursiva y agobiante, que se vuelve casi dogmática y se aliena de sus propios orígenes.

Con respecto a la segunda alternativa de las Ciencias Sociales, elegir los métodos antinaturalistas, Popper también tiene mucho que decir. En especial, rebate muchas de las pretensiones del historicismo, tales como el afán de relacionar los hechos sociales a ultranza, de querer hacer valer el método experimental de las ciencias físicas para las Ciencias Sociales y pretender conseguir resultados de igual validez, etc. Con respecto al atributo de "complejidad" de los fenómenos sociales, Popper increpa: "Aunque hubiese uniformidades sociológicas inmutables, como las uniformidades del campo de la física, pudiera muy bien ocurrir que fuésemos incapaces de encontrarlas, dada su doble complejidad. Pero si no podemos encontrarlas, no tiene objeto el mantener que a pesar de esto existen"[28]. Observaciones similares encontrábamos en el conflicto entre deterministas e indeterministas. Particularmente, Popper ataca el hecho de que el historicismo entiende a la predicción social como uno de los objetivos de la ciencia social. Esta predicción sería obviamente imposible porque su misma existencia sería una nueva condicionante que distorsionaría el cumplimiento de los contenidos predichos.

En relación con la utilización de los métodos cuantitativos en las ciencias sociales, Popper afirma que ello es factible pero con notorias salvedades: "Pero aún queda una tremenda diferencia entre los métodos estadísticos de las ciencias sociales y los métodos cuantitativos-matemáticos de la física. Las ciencias sociales no conocen nada que pueda compararse a las leyes causales matemáticamente formuladas de la física"[29]. Más aún, Popper enfatiza el hecho de que es imposible en ciencias sociales la medición precisa de las tendencias; no hay metodología que pueda medir, por ejemplo, la tendencia a la expansión o la intensidad de la industrialización. Esta dificultad constata una vez más la vanidad del afán de las Ciencias Sociales por copiar los modelos de las ciencias físicas. "Por tanto, las leyes causales de las ciencias sociales, suponiendo que las haya, han de tener un

---

27

Popper, Karl R. Op. Cit. Pág. 143.

28

Popper, Karl R. Op. Cit. Pág. 26.

29

Popper; Karl R. Op. Cit. Pág. 38.

carácter profundamente diferente de las de la física, por ser cualitativas más que cuantitativas y matemáticas. Si las leyes sociológicas determinan el grado de algo, lo harán sólo en términos muy vagos y permitirán, en el mejor de los casos, sólo una gradación muy rudimentaria y aproximada. Se deduce que las cualidades –sean físicas o no físicas– sólo pueden ser apreciadas por intuición"[30]. Coincidimos aquí plenamente con Popper, que las escalas de variables consisten en mediciones vagas, esencialmente descriptivas y que soslayan el problema del relacionamiento existente entre los hechos sociales, quedando este último supeditado a una "intuición" o bien, interpretación historicista autónoma. En efecto, una de las características de la investigación social cuantitativa es que no se esclarece para nada el panorama a investigar. Encuentra algunas medidas estadísticas aproximadas, pero no permite la dilucidación de caminos operativos para las ciencias aplicadas. El científico social aplicado, el trabajador social, se encuentran en punto cero cuando se trata de manejar los datos, porque éstos no sugieren una línea de acción determinada, son pasibles de casi cualquier interpretación, sobre todo cuando las variables no están todas identificadas y cualquiera de ellas puede ser relacionada "arbitrariamente" con cualquiera otra.

Contrariamente a esta metodología, la etnología, la etnografía y ciencias derivadas, han cortado con algunas de estas aberraciones, y como veremos más adelante, escapan a esta situación, como excepciones dignas de ser profundizadas.

Pero a pesar de todo ello, Popper propone que las Ciencias Sociales no pierdan las esperanzas de encontrar una metodología científica no-especulativa con ciertos criterios definidos tales como la posibilidad de experimentación. "Mi argumento", dice Popper finalmente, "relativo al punto de vista tecnológico quizá quede más claro si digo que la sociología en particular (y quizá incluso las ciencias sociales en general) debería buscar no "su Newton o su Darwin" sino más bien su Galileo o su Pasteur"[31].

30

Popper; Karl R. Op. Cit. Pág. 40.

31

Popper; Karl R. Op. Cit. Pág. 74.

VI. *Determinismo e indeterminismo en las Ciencias Sociales*

La vieja polémica entre deterministas e indeterministas se remonta a las primeras hipótesis evolucionistas, desde Darwin en adelante, hasta las doctrinas de causalidad, uno de cuyos máximos exponentes ha sido el materialismo histórico. El evolucionismo clásico se presenta, tal vez, como el primer intento de encontrar leyes históricas explicativas de las transformaciones de los hechos sociales, y su fundamento empírico es naturalista. Otros intentos explicativos, tales como el positivismo, contienen la misma orientación. Los estudios de sociedades "salvajes" o "primitivas" distintas y "anteriores" a las sociedades "civilizadas" y "occidentales" demarcan los excesos a los que pudieron llegar las interpretaciones mencionadas.

Si bien el materialismo histórico ha sido frecuentemente considerado como opuesto a estas tesituras, y su propia génesis se sitúa en el punto de contradicción con éstas[32], enfocada, la teoría del materialismo histórico, como un punto de vista explicativo del desarrollo temporal de las sociedades, cae dentro de los mismos errores del evolucionismo al que ataca. Las leyes de causalidad del materialismo histórico sugieren por lo menos dos configuraciones primigenias y contradictorias (tesis y antítesis) que, al ser superadas, generan como efecto, un tercer estado, distinto a los anteriores, que será igualmente superado por otro dicotómico, y así sucesivamente, creándose las transformaciones necesarias de las infraestructuras para el cambio de las superestructuras. En alguna medida, se trata también de una teoría "evolucionista" en el sentido de que prevé etapas consecutivas para la historia, que se generan unas a otras en un sentido unívoco e irreductible.

Sin embargo, el avance fundamental del materialismo histórico con respecto a los presupuestos evolucionistas tradicionales es el reconocimiento de que todo hecho social, ya sea considerado efecto o causa, admite, por lo menos *una* contradicción básica inherente a su propio contexto. Se inicia aquí la atingencia a un concepto de *complejidad causal* antes soslayado. El materialismo provee, de esta manera, una apertura a la causalidad multívoca, buscando leyes que amplíen su representatividad de la conducta social, pero, paradójicamente, también da lugar al avance de un cierto grado de indeterminismo.

En efecto, los indeterministas, posteriormente, llevando a extremos la idea de la complejidad causal, sostendrán que la causalidad no existe o bien, que existe pero el científico no puede descubrirla debido a la multiplicidad de variables ocultas que involucra. El planteo, si bien es crucial para la ciencia en general, lo es, aún más, para las Ciencias Sociales, ya que la posición indeterminista llevaría a invalidar prácticamente toda posibilidad de descubrir leyes históricas sobre el comportamiento humano, impidiendo la predicción del mismo, con lo cual la mayor

---

Consultar, por ejemplo, Marx, Karl. *Tesis sobre Feuerbach.*

parte de la teoría sociológica, por ejemplo, desaparece o se transforma en hipótesis de validez especulativa solamente.

En el terreno de la Física, por lo menos hasta principios de este siglo, la explicación causal determinística era el método prioritario de la tradición newtoniana. En 1952, aun, Grunbaum afirmaba todavía algo que hoy se cuestiona: "En las ciencias físicas un hecho presente está siempre determinado por hechos pasados...", ... "el aprendizaje científico o racional a partir de la experiencia pasada consiste en descubrir regularidades causales de las cuales anticipar el futuro..."[33]. Debemos hacer aquí dos puntualizaciones que esbozáramos anteriormente: a) El único requisito que tiene un tipo de conocimiento para transformarse en científico, ¿es el descubrimiento de regularidades y la característica de predictibilidad?; b) ¿es la explicación causal un requisito "sine qua non" para el pensamiento racional?

Es sabido que la lógica formalista y rígida del método hipotético-deductivo concibe a lo racional como el ordenamiento preponderante de la materia llamada realidad a través de interrelaciones causales. Asimismo, una concepción de la ciencia que presupone la factibilidad de la medición exacta en todos los casos empíricos, se anima a encontrar un "orden" inalterable en el universo, orden que se reflejará, según suponen, en el pensamiento racional. Tampoco la lógica dialéctica escapa a este esquema cerrado del causalismo. Ninguna de estas tesituras resuelve el problema para las Ciencias Sociales; las ideologías intentan interpretar la historia desde el punto de vista de leyes causales, pero son tan relativas a las coordenadas de las cuales surgen como las interpretaciones que proponen.

33

Grunbaum, Adolf. *Causality and the Science of Human Behaviour*, artículo aparecido en American Scientist N° 40, 1952. Traducido por Fundación de Cultura Universitaria, Universidad de la República Oriental del Uruguay.

VII. *Indeterminismo en la Física Contemporánea*

La Teoría de la Relatividad y la Teoría de los Cuantas inauguran la apertura de la restringida explicación causal y provocan la progresiva desaparición del determinismo. A pesar de que hay quienes aseguran que "esta restricción de la causalidad no acarrea la quiebra del determinismo, por cuanto en tal interpretación se retiene de modo inequívoco la determinación estadística..."[34], negándose a atender las consecuencias fundamentales de la misma, la idea de que la probabilidad estadística es determinista raya con la absurdidad. Es Bunge, asimismo, quien propone otra salida para el dilema: "Sólo que la causa y el efecto no están aquí ligados en la forma constante y unívoca afirmada por el principio causal. En otras palabras, la interpretación usual de la mecánica cuántica no barre con las causas y los efectos, sino con los nexos causales rígidos entre unos y otros"[35]. Pero ello no pasa de ser absolutamente especulativo, una interpretación historicista para tener en cuenta y salvar decorosamente la corrosión a la que se ve sometido el determinismo tradicional.

Más allá de esta necesidad de que el mundo "normal y corriente" continúe indefinidamente, Heisenberg y Born desarrollaron un sistema que permite la descripción de los fenómenos cuánticos tanto en función de ondas como en base a partículas, y recomendaron, asimismo, que los físicos no debían preocuparse por lograr *una* representación única de los fenómenos. Tal como lo señala Barnett: "No importa ya como nos representemos visualmente un electrón o un átomo o una onda de probabilidad. Las ecuaciones de Heisenberg y Born se ajustan a cualquier representación. Podemos, pues, si queremos, imaginar que vivimos en un universo de ondas, en un universo de partículas, o como ha dicho un científico bromista, en un universo de 'ondículas'"[36].

34

Bunge, Mario. *El principio de causalidad en la ciencia moderna*. Editorial Universitaria de Buenos Aires, 1961, Buenos Aires. Pág. 26.

35

Bunge, Mario. Op. Cit. Pág. 26.

36

Barnett, L. *El universo y el doctor Einstein*. Editorial Fondo de Cultura Económica, 1971, México. Pág.24.

Lo que se entiende por "dualidad" implica, en verdad, la posibilidad multívoca de representar el mundo, quitándole rigidez y precisión a la causalidad mecanicista newtoniana, ampliando el panorama de libertad en la interpretación de los acontecimientos y la probabilidad de encontrar nuevas unidades constituyentes de la realidad al tiempo de que se utilicen nuevos dispositivos para encontrarlas.

"La aceptación de esta conclusión con todas sus implicaciones va a afectar evidentemente con fuerza a nuestra idea de 'realidad' y muchas de las objeciones a la teoría ortodoxa emanan precisamente de nuestra repugnancia a aceptar un concepto de 'realidad' alterado"[37]. En efecto, Bridgman acierta: ¿de qué manera se alteraría nuestro concepto de realidad? Desaparece no solamente la certidumbre de poder conocer la esencia de la realidad sino también de saber con precisión, en qué momento, en qué lugar, se encuentra una unidad, sea electrón u otra. "Una habitación con unas pocas motitas de polvo que flotaran en el aire estaría repleta, comparada con la vacuidad de lo que yo llamo una silla y en lo que estoy sentado", dice Koestler[38] al analizar, como ejemplo, las distancias que existen entre los electrones más próximos a un núcleo cualquiera de un átomo cualquiera constituyente de su silla. Ello es un caso mínimo de la transformación abrupta a que podría llegar nuestra idea de las cosas si interpretáramos por lo menos algunas de las consecuencias de los hallazgos sobre los cuantos. Demás está decir, que la brecha se ahonda en cuanto intentamos referirnos a la realidad social y a elementos tan "abstractos" como clases sociales, conjuntos, pautas de conducta, etc.

La mayoría de los físicos, sin embargo, han dejado de atribuirle importancia al problema de la "esencia" o "naturaleza" de las cosas, a excepción de aquellos que encuentran que la Física tiene mucho que decir sobre la filosofía de la ciencia[39]. Se limitan, solamente, a describir experimentos y observaciones, aun cuando no sepan exactamente lo que son.

Sin embargo, las apreciaciones de los físicos con respecto al problema del determinismo son definitorias: "El determinismo de la Física Clásica resulta ser una quimera, producida por la sobreestimación de los conceptos lógico-matemáticos"[40],

---

37

    Bridgman, Percy. *El determinismo en la Ciencia Moderna*. Editorial Fontanella, Barcelona, 1969. Pág. 67 y sig.

38

    Koestler, Arthur. *Los Sonámbulos*. Editorial Universitaria de Buenos Aires, 1959, Buenos Aires. Pág. 519.

39

    Ver, por ejemplo, Margenau, Henry. *La naturaleza de la realidad física, una filosofía de la Física Moderna*. Editorial Tecnos, Madrid, 1970.

40

dice Born. Al demostrar Heisenberg que es imposible llegar a determinar con precisión la posición y velocidad con que se mueve un electrón, al mismo tiempo, se comprende que el único recurso descriptivo que tiene la Física para desarrollarse sea la probabilística. Si esto se verifica, es reconocido como la demolición de dos fundamentos básicos de la ciencia clásica: causalidad y determinación, porque "al trabajar con estadísticas y probabilidades abandona toda idea de que la naturaleza exhibe un orden inexorable de causa y efecto"[41].

Consecuentemente, la causalidad no se salva ni con la idea de Bunge de un determinismo restringido, porque la probabilidad estadística supone regularidades *aleatorias* que describen un comportamiento estadístico pero no un comportamiento individual concreto. En otras palabras, la probabilidad estadística aparece solamente como un recurso para suponer que el comportamiento es aún predictible y controlable pero no define ni explica la causa de la distribución de las regularidades atribuidas al fenómeno. Por otra parte, sólo resuelve el planteo a nivel teórico, porque, de hecho, la probabilística implica un sistema indeterminista a raíz del propio margen de error que conlleva. Las conclusiones últimas de este desarrollo nos conducen a un par de alternativas mínimas: que la realidad no tiene sentido, o bien, que tiene un sentido que el hombre no puede llegar a descubrir en este momento. La Teoría de los Cuantas aparece como una "conjetura" sobre la realidad, como una alternativa posible de la misma, que florece en un agudo cuestionamiento de la ciencia misma. "Debido a que la descripción en la teoría cuántica es esencialmente estadística, la aleatoriedad en los sucesos cuánticos particulares se ha confundido con su espontaneidad o falta de causalidad; mas, si realmente ocurriera así, no existirían leyes de la física cuántica y, de hecho, no habría ciencia alguna"[42]. Es muy fácil –y peligroso– maximizar estas posiciones para demostrar su absurdo; y, sin embargo, también cabe plantearse que el grado de incertidumbre aseverado por la teoría cuántica es, en realidad, el principio de un universo nuevo, de una racionalidad nueva, de una nueva interpretación. El terror de la ciencia a fenecer no puede llevarla a sustentar un determinismo "a outrance", porque el oscurantismo no regresará por la revolución de la racionalidad, sino por soslayar, desconocer, ocultar los verdaderos avances filosóficos dentro del propio quehacer científico.

Todos estos desafíos configuran nuevos aspectos de la polémica deterministas versus indeterministas. Por sobre todo, surge un aspecto notorio subyacente: la

---

Born, Max y Hedwing. *Ciencia y Conciencia en la Era Atómica*. Alianza Editorial, Madrid, 1971. Pág. 112.

41

Barnett, L. Op. Cit.

42

Wartofsky, Marx W. *Introducción a la Filosofía de la Ciencia*. Editorial Alianza Universidad, Madrid, 1973. Tomo 2. Pág. 442.

existencia de una *relación primordial preponderante entre la racionalidad y la realidad.*

VIII. *El nexo racionalidad-realidad*

"La dificultad insuperable en que se halla el hombre estriba en que él mismo es parte del mundo que trata de explorar; su cuerpo y su orgulloso cerebro son mosaicos compuestos de las mismas partículas elementales que componen las oscuras y movientes nubes de polvo del espacio interestelar; es, al análisis final, una mera conformación efímera del primordial campo espacio-tiempo"
L. BARNETT

Ante la amenaza de que si la causalidad no pudiera encontrarse en la realidad, el hombre no podría controlar el mundo y habría, consecuentemente, un peligro implícito de destrucción, la pregunta que cabe es: ¿hasta qué punto estos argumentos no son limitativos de una búsqueda de nuevas formas de racionalidad?

El supuesto primero al que nos referíamos en el capítulo anterior, da por entendido que el pensamiento y la realidad están conectados por idénticas leyes y que no se aprecia una cualidad distinta entre las leyes que rigen la realidad y las leyes de la razón. El problema consistiría en la búsqueda y el hallazgo de este tipo de leyes y que ellas fueran científicamente convincentes.

Lefevbre desarrolla ampliamente esta temática en su "Lógica Formal y Lógica Dialéctica". Las principales críticas que formula a la lógica formal radican en que ésta determinaría leyes que solamente son válidas al pensamiento, forzando, luego, la atribución de las mismas a la realidad social. En efecto, la lógica formal se preocuparía, de acuerdo a Lefevbre por el logro de "las reglas generales de la coherencia, del acuerdo del pensamiento consigo mismo"[43]. Asimismo, la lógica formal, aristotélica en sus orígenes, e íntimamente ligada con la gramática y las formas correctas del lenguaje, es, ante todo, una *lógica de la abstracción*, que poco tiene que ver con la factibilidad de sus propios contenidos. Se torna insuficiente cuando intenta aprehender la relación sujeto-objeto del proceso de conocimiento. "Es preciso sustituirla por una lógica concreta, una lógica del contenido, de la que la lógica formal no es sino un elemento, un esbozo válido en el plano formal, pero aproximativo e incompleto. Al estar compuesto el contenido por interacciones de elementos opuestos −como el objeto y el sujeto− el examen de dichas interacciones se denomina por definición dialéctica y la lógica concreta o lógica del contenido será la lógica dialéctica"[44]. Esta forma nueva de vinculación entre sujeto y objeto de

---

43

Lefevbre, Henri. *Lógica Formal y Lógica Dialéctica*. Editorial Siglo XXI, 1970, Madrid. Pág. 92.

44

Lefevbre, Henri. Op. Cit. Pág. 94.

conocimiento es definida por Lefevbre como interacción dialéctica: "En términos filosóficos, el sujeto (el pensamiento, el hombre que conoce) y el objeto (los seres conocidos) actúan y reaccionan continuamente uno sobre otro; yo actúo sobre las cosas, las exploro, las pruebo; ellas se resisten o ceden a mi acción, se revelan, yo las conozco y aprendo a conocerlas. El sujeto y el objeto están en perpetua interacción"[45]. En contraposición con el formalismo de la lógica kantiana y aristotélica, al que durante largo tiempo adhirieron las Ciencias Sociales, aparece en Lefevbre la elaboración de un nexo indisoluble racionalidad-realidad.

Más aún, Lefevbre cuestiona este nexo en relación al problema de la "verdad" del conocimiento científico: "la lógica se define a menudo como el estudio de 'las condiciones de la verdad' o de las 'condiciones del pensamiento verdadero'. Esta fórmula es susceptible de dos interpretaciones. Si se entiende por ello condiciones subjetivas e individuales, condiciones *sólo en el pensamiento*, la fórmula es falsa. Recoge, agravándolo, el formalismo; separa la forma del contenido. Elimina el contenido objetivo, histórico, práctico y social del conocimiento"[46]. Por otro lado, si se entiende por el estudio de las condiciones del pensamiento verdadero las referidas a su contenido objetivo, "se puede incluso declarar y estipular que la correspondencia del pensamiento con su objeto representa la condición general 'formal' (necesaria) del pensamiento verdadero"[47].

Dicho en otras palabras, para Lefevbre la distinción entre contenido objetivo y reglas formales de pensamiento no debe tener lugar en tanto éstas se construyen dialécticamente, por la interacción del hombre con el mundo. Lo más notorio de este enfoque es la visión peculiar de las relaciones racionalidad-realidad. Mientras que la realidad aparece como múltiple, diversificada, dinámica, la racionalidad formal había construido un edificio rígido sobre dicotomías aparentes e insolubles. Ellas proponían caminos epistemológicos insalvables para las Ciencias Sociales, que el neo-positivismo pone en evidencia. Se hacía necesario encontrar regularidades del pensamiento que pudieran hundirse en lo real, alimentarse de la transformación permanente de lo real, sin caer en el antiguo empirismo estático. Tal como Lefevbre lo dice, era necesaria una nueva forma de racionalidad "que pudiera establecer a lo real, con todos sus caracteres, en el propio corazón de la razón…"[48].

45

Lefevbre, Henri. Op. Cit. Pág. 55.

46

Lefevbre, Henri. Op. Cit. Pág. 96.

47

Lefevbre, Henri. Op. Cit. Pág. 97.

48

Lefevbre, Henri. Op. Cit. Pág. 197.

Creo que esta es una de las conclusiones más definitorias en torno a la lógica dialéctica: el intento de superar la antigua dicotomía del formalismo metafísico introduciendo una unidad concluyente entre el hombre y el mundo.

En cuanto a la aplicación de este análisis dentro de las Ciencias Sociales, hemos planteado alguna introducción en "Lógica y Relato en Trabajo Social"[49]. Mientras que la lógica formal en la que se apoya el método hipotético-deductivo se construye por los tan mentados principios de rigidez e invariabilidad con respecto a la realidad, la lógica concreta se instala en su dinamismo intrínseco. El principio de identidad, el de no contradicción, el del tercero excluido, característicos del formalismo clásico[50], denotan una manera de pensar fundamentalmente rígida, una lógica *ajena al procesamiento de la experiencia*, un razonamiento extrañado del hombre como producto social. La lógica dialéctica, por el contrario, propone leyes que involucran una dimensión temporal en lo real, contemplan su posibilidad de cambio permanente y no, su estaticidad[51].

Con esto se inaugura un aspecto de *relativismo* desconocido hasta entonces, que significa la interpretación del pensamiento y de la realidad, unificados en un movimiento continuo de transformación espacio-temporal del proceso de conocimiento. En Ciencias Sociales la alternativa de dejar el método hipotético-deductivo y utilizar la lógica dialéctica significa un acercamiento a leyes más representativas de la realidad y, abandonando la perspectiva de una causalidad difusa, aventurarse a un intento explicativo en que las causas comienzan a jerarquizarse de alguna manera. Paradójicamente, aquí también recomienza el historicismo que cuestionábamos en un principio. La búsqueda del determinismo en la dialéctica de Marx y Max Weber, quiere ser más precisa que en el positivismo evolucionista. Pero, mientras que este último proponía una secuencia de estadios sucesivos y la supuesta relación entre estos en un sentido unívoco e irreversible, la causalidad dialéctica propone secuencias dicotómicas, que por lo menos admiten una contradicción en su seno, y que al ser superadas, generan otras, también dicotómicas y complejas. En el trasfondo del materialismo histórico subsiste aún el evolucionismo, un evolucionismo que engloba una causalidad más múltiple, pero aún, un evolucionismo. El método dialéctico abre las puertas a la explicación de

---

49   Porzecanski, Teresa. *Lógica y relato en trabajo social*. Editorial Hvmanitas, Buenos Aires, 1974. Se utilizan aportes textuales sin comillar.

50

     Politzer, Georges. *Principios elementales y principios fundamentales de filosofía*. Editorial Fondo de Cultura Popular, Perú, 1969. Pág. 106 y sig.

51

     Politzer, Georges. Op Cit. Pág. 19 y sig.

causas múltiples, buscando una representatividad más adecuada de las regularidades supuestas en la realidad, mientras que la lógica del método hipotético-deductivo transcurre en un determinismo difuso, sin jerarquización de causas, tal como lo demuestran el funcionalismo y los estructuralismos. La aceptación de la idea de "multicausación" se opone, paradójicamente, al objetivo de llegar a mediciones exactas.

Otras proposiciones, tales como las de Myrdal[52] sobre causación circular y acumulativa, afirman la existencia de una secuencia repetitiva, circular y acumulativa de efectos y causas. Sin embargo, estas tesituras se aproximan, aún más, a lo que las Ciencias Sociales pretenden combatir: un indeterminismo caótico que impediría toda posibilidad de predicción. En efecto, se advierte que la idea de una "multicausación" –aun cuando se definan jerarquías ordenatorias– es indeterminista en el sentido de que la medición de variables se hace más y más difícil.

Este es el punto obligado en el que las Ciencias Sociales deben detenerse o bien, reconocer su escasa posibilidad de salir del terreno meramente especulativo de las hipótesis controvertibles.

52

     Myrdal, Gunnar. *Teoría Económica y regiones subdesarrolladas*. Editorial Fondo de Cultura Económica, México, 1964.

IX. ¿Propone una nueva lógica la Física Contemporánea?

Una sospecha de que se vislumbra una lógica nueva es la comprobación de que las teorías clásicas no comprenden la realidad en todos sus múltiples aspectos, en su complejidad y unicidad. "Se patentiza la insuficiencia de la idea según la cual es posible comprender el número infinito de fenómenos de la naturaleza sobre la base de un número limitado de leyes y teorías fundamentales"[53].

Consecuentemente, las suposiciones deterministas de explicar el mundo por un cuadro de leyes de un valor absoluto siempre alcanzable no condicen con la Relatividad y los Cuantos. En ambas teorías hay una tendencia a hacer las leyes infinitamente más representativas de la realidad, en primera instancia, porque las antiguas coordenadas separadas, tiempo y espacio, se unifican para formar el espacio-tiempo tetradimensional, y en segunda instancia, porque las fórmulas manejadas incluyen una variable que representa la indeterminación.

"Mientras que la física clásica se contentaba con reconocer algunos esquemas y conceptos fundamentales inmutables, la física moderna excluye desde el mismo principio tales esquemas y los principios básicos perpetuos"[54]. Al atribuir relatividad a los conceptos de espacio y tiempo, impone límites a las leyes, vinculándolas explícitamente a campos definidos de validez y favoreciendo esto la comparatividad de su vigencia. El principio de causalidad rígida que sustentaba el universo newtoniano comienza, paralelamente, a diluirse cuando se invoca esta búsqueda sensata de mayor representatividad para las leyes de la Física. El determinismo de Newton ya no basta; se torna sospechoso.

Por otro lado, la Física comienza a aceptar e incluir en sus ecuaciones, entidades que representan aspectos que no se podrán determinar con precisión, y evidencia, a través del uso de la descripción probabilística, un deseo de interpretar de alguna manera ese grado de vaguedad que trasunta la observación de la realidad. A nivel de la lógica, este esfuerzo intenta excluir a las leyes definitivamente del dominio absoluto del pensamiento humano para incluir en ellas un elemento de variabilidad impredictible que aparece por el contacto del observador con lo observado. Para la Física Contemporánea la interconexión observador-observado no es sólo una cuestión epistemológica de interés, sino que constituye el dilema central de la

---

53

Ambartsumian y Kaxiuntinski. *Problemas de la metodología y de la lógica de las Ciencias Naturales Contemporáneas*. Revista de la Academia de Ciencias de la URSS, N° 4. Pág. 48.

54

Omelianovski, Mijaíl. *La dialéctica de lo contradictorio en la Física Contemporánea*. Revista de la Academia de Ciencias de la URSS, N° 4. Pág. 61.

cuestión científica: ¿en qué forma, de qué manera el instrumento de medición y la conciencia del observador alteran el fenómeno?

"La mecánica cuántica, por otro lado, según el punto de vista de Wigner, trata con las conexiones existentes entre observaciones, por ejemplo, en el contenido de la conciencia. He aquí por qué hay una necesidad de desarrollar una descripción completa y unificada del organismo vivo, desde biología y sicología, por una parte, hasta la Física, por otra"[55].

Lo que aparece como extraordinario de todo esto es que la cuestión planteada por la epistemología en términos del "problema del conocimiento" es, de hecho, un problema empíricamente visible en la medición de los hechos observables; no es una propuesta teórica o meramente especulativa. El universo cambia su descripción de acuerdo a los instrumentos de observación (observador incluido).

Lo próximos pasos de la Física están, por consiguiente, supeditados a un desarrollo de las Ciencias del Hombre. Pero, ¿cómo podrá darse esta complementariedad cuando estas últimas aparecen, a su vez, errantes?

El peligro de caer en un indeterminismo caótico que quite sentido al mundo lleva a encarar una de las propuestas que hacía Bridgman: "Que una estructura determinista del universo, o una continuidad subyacente como diferenciada de una discontinuidad, no es, como se ha mantenido con frecuencia, un prerrequisito para el pensamiento racional". La migración desde una lógica formal a una lógica dialéctica ha sido el pasaje de una racionalidad encerrada en un mundo autónomo, a una racionalidad que quiere nutrirse con las transformaciones de la realidad. Pero esto es simplemente un comienzo de un proceso de cambio en las formas de racionalidad. La realidad sólo existe en función del observador: ¿cómo poder encarar este vínculo observador-observado sin reiterar las fórmulas dicotómicas tradicionales? El problema de la lógica se cierra nuevamente en sí mismo. Tal vez sea solamente la actitud fenomenológica la que logre romper este cerco.

55

    Mehra, Joseph. *Quantum Mechanics and the Explanation of Life*. Revista American Scientist, Nov.-Dec. 1973. Pág. 722 y sig. Traducción libre del autor.

X. Fenomenología y problema del conocimiento

Tradicionalmente separados, sujeto y objeto de conocimiento, por teorías que hacían valer la preponderancia de uno sobre otro (Descartes, Locke, Hume, etc.) tomaron forma las corrientes antagónicas de subjetivismo y objetivismo. De alguna oscura manera las psicologías y las sociologías entraron a plantearse que, si bien se entreveía que era necesario un vínculo entre sujeto y objeto conocido, no se podía enunciar directamente un elemento que constitutivamente se construyera por ambos. La lógica se apresuró a crear metodologías de pensamiento en las que, de alguna forma, lograba grados de integración sujeto-objeto.

La fenomenología se coloca, sin embargo, por encima de este antagonismo, a través de la idea de *intencionalidad de la conciencia*. Esta intencionalidad de los procesos de conciencia *no es un atributo* de los mismos sino un componente generador de ellos. La palabra INTENTIO significa "dirigirse a". Toda vivencia, toda actitud anímica, se dirigen a algo. La percepción es, en cuanto tal, percepción "de algo"[56]. Pero este *dirigirse a* no es meramente direccionalidad: implica fundamentalmente un *desplazamiento continuo* de la conciencia, un fluir ininterrumpido y constitutivo de la propia existencia. De esta manera, todo acto sensible o perceptivo no es algo aislable de este flujo permanente: "La percepción está inmersa en la corriente natural de mi vivir. Transcurre con ese fluir y siempre únicamente con él. El percibir no es un estudio ni una consideración de las cosas que se baste a sí misma, sino un momento auxiliar y coordinador de la realización de la existencia"[57].

Si compartimos esto, en primera instancia, dejaremos definitivamente de lado el concepto de la mente absoluta que aprehende, en un acto de trascendencia de sí, una realidad extrínseca a ella y, por otra parte, absoluta. Dejaremos de concebir el conocimiento como un acto de posesión, de dominio del mundo, como un acto de relación con algo "de afuera de mí" que existe y deviene por sus propias reglas.

Por el contrario, nos sumergimos en un flujo continuo e indistinto, en el cual cada vez resulta más difícil diferenciar, aislar. No hay *acto de* aprehensión. Hay aprehensión primaria y continua. Hay una mente indistinta de la realidad, o, en otras palabras, hay una totalidad donde estamos inmersos al igual que todo.

56

Szilasi, Wilhelm. *Introducción a la fenomenología de Husserl*. Amorrortu Editores, Buenos Aires, 1975. Pág. 32.

57

Szilasi, Wilhelm. Op. Cit. Pág. 32.

"Debemos tener en cuenta que, con respecto a la intencionalidad, no puede hablarse de 'interior' ni de 'exterior'. La cuestión de la inmanencia o la trascendencia no aparece aquí para nada. Con tal descripción hay muchas preguntas que pierden todo sentido"[58], dice Szilasi. El antiguo antagonismo entre sujeto y objeto se disuelve en el siguiente cometido: "La tarea de la fenomenología trascendental consiste en demostrar 'los orígenes' de la objetividad en la subjetividad trascendental"[59].

Al respecto del problema del conocimiento, Szilasi cita a Husserl con la siguiente elucidación: "La fenomenología merece el nombre de 'trascendental', pues resuelve las siguientes cuestiones: elucidación de la posibilidad de un conocimiento objetivamente válido, de un conocimiento que, en cuanto conocimiento, es 'subjetivo' y que, por otra parte, atañe a un ser 'objetivo', un ser en sí e independiente de la subjetividad"[60]. La revelación básica de Husserl, tal como lo sostiene asimismo Merleau-Ponty es que "la intención no es relación, ni siquiera una relación entre sujeto y objeto, sino un carácter de ser de la conciencia"[61]. Husserl rechaza el concepto de conciencia como "cogitatio", pues ello implicaría reconocer una distancia entre conciencia y mundo y la necesidad de *iniciar un acto de* aprehensión diferenciado del existir de la conciencia en sí.

Coincidimos nuevamente con Szilasi cuando interpreta a Husserl y explica. "La capacidad de la conciencia que posibilita sus acciones productivas consiste en estar siempre *fuera de sí misma*. En virtud del estar fuera de sí, la actividad de la conciencia se manifiesta como conocer, actuar, juzgar, etc. En consecuencia, la intencionalidad no puede entenderse como relación cósica entre cosas, ni como propiedad subjetiva inmanente de la conciencia, mediante la cual ésta superase el abismo entre ella misma y las cosas. Por virtud de la intencionalidad nos hallamos, desde el comienzo, cabe las cosas, y atrapados en la trama de éstas"[62].

58

Szilasi, Wilhelm. Op. Cit. Pág. 34.

59

Husserl. *Obras Completas*. Edita Nijhoff, La Haya. Vol. 7. Pág. 382.

60

Szilasi, Wilhelm, citando a Husserl. Op. Cit. Pág. 386.

61

Szilasi, Wilhelm. Op. Cit. Pág. 41.

62

Szilasi, Wilhelm. Op. Cit. Pág. 42.

Pero estas "cosas" a las que se refiere Szilasi, en la trama de las cuales estamos, no son, entonces, algo diferente de nosotros mismos. *Son nosotros mismos* fluyendo constantemente, desplazándonos siempre. Tal vez ésta no sea la exacta interpretación última que Husserl ha querido darle a su fenomenología. Pero, en este sentido, Szilasi ha propuesto aspectos innovadores, sustentándolos especialmente en los conceptos de Husserl vertidos en su Fenomenología Constitutiva.

Baste decir acá que, desterrado el concepto de conciencia distinta de realidad exterior absoluta, entramos en un campo de completa unicidad, de indistinción, en una nueva acepción del indeterminismo total. Las leyes de la lógica formal tradicional han querido criticar o desconocer esta apertura, acusándola de constituir una confusión caótica. Desde aquella indubitabilidad de un mundo en el que cada cosa ocupa su lugar y permanece en él, esperando nuestro acto de conocimiento que llegará tarde o temprano, nos sumergimos en un desafío: un aparente desorden indistinto y homogéneo que cumple algún oscuro principio de entropía universal. El *acto clásico de* conocer se disuelve en la valoración de una existencia que es, toda ella al mismo tiempo, un conocimiento.

XI. *Fenomenología y Física Contemporánea*

La relación sujeto-objeto de conocimiento viene planteándose en términos coincidentes a partir de la Teoría Cuántica. Comienza a hablarse de un "universo participativo" en el que las variables inextricablemente conectadas serían: la mente, el universo y el cuantum. La pregunta que plantea Wheeler[63] es: "¿Son la vida y la mente humana irrelevantes para la estructura del universo o son fundamentales para ésta?".

Más aún, afirma: "En la teoría de los cuantas, el observador y lo observado resultaron mantener un estrecho vínculo totalmente inesperado. El principio de los cuantas ha demolido el antiguo punto de vista de que el universo está seguramente 'allí afuera', de que nosotros podemos observar lo que sucede en él desde abajo... Nosotros tenemos que buscar e insertar un recurso de medición. Podemos instalar un recurso que mida momento; pero la instalación de uno impide la inserción de otro. Cualquiera que éste sea, tiene un efecto impredictible sobre el futuro del electrón elegido y hasta ese grado el futuro del universo ha cambiado. Nosotros lo hemos cambiado. En algún extraño sentido, el principio cuántico nos dice que estamos tratando con un universo participatorio"[64]. Consecuentemente, "los tres problemas estudiados (cuantum, mente y universo) desafían aquella clara separación entre observador y observado que, por tan largo tiempo, ha parecido ser la esencia de la ciencia"[65].

Esta cuestión sigue siendo la pregunta clave que la física no ha podido responder aún. Tampoco, las ciencias del comportamiento humano: ¿de qué manera la conciencia afecta o modifica el mundo, y viceversa, de qué manera el mundo externo altera o cambia la conciencia? Decíamos en el Tema anterior que la fenomenología se acerca un poco al problema cuando afirma que no hay división ni conexión entre estos dos elementos, sino una realidad única, indistinta, constitutiva del ser: "La conciencia tiene una inmensa plenitud de efectuaciones, pero sólo en

---

63

Wheeler, John Archibald. *The universe as a home forman.* Revista American Scientist, Nov.-Dec. 1974. Traducción libre del autor. Pág. 683 y sig.

64

Wheeler, John Archibald. Op. Cit.

65

Wheeler, John Archibald. Op. Cit.

conexión y en entretejimiento indisoluble con una situación fáctica y, en la referencia cada vez más amplia de las situaciones con un mundo fáctico"[66]. Si así no ocurriera, tal vez tampoco la ciencia sería posible: "La pregunta por el origen de la experiencia, del saber y de la ciencia resulta ociosa. La descripción de los procesos de la experiencia y en definitiva, del saber científico y filosófico, debe volver comprensibles a éstos como fundantes para una evidencia y fundamentabilidad de las acciones mismas, así como de su validez trascendental"[67].

Lo que tal vez olvida aquí agregar Szilasi es que, a pesar de la pretensión de objetivismo de las ciencias exactas y de la utilización de los criterios de mensurabilidad y verificabilidad, toda la experimentación factible, ya sea que utilice o no instrumentos además de los sentidos, es *percibida fenomenológicamente*. Las leyes científicas, cualesquiera que sean, *deben incluir en su formulación esta intencionalidad de la conciencia, esta alteración particular y única que convive íntimamente ligada a los procesos de conocimiento.*

En consecuencia, la fenomenología no sugiere una teoría especulativa más, al nivel de otras filosofías. Comienza y termina en ella misma: es la constatación de un estado de cosas al que supera y disuelve, pone fin a los análisis puramente "racionales" del problema, los invalida en favor de una búsqueda nueva, verifica el hermetismo implícito a los aparentes "problemas" epistemológicos y a la vez, permite la ruptura y el despegue hacia otros ámbitos.

66

Szilasi, Wilhelm. *Introducción a la fenomenología de Husserl*. Amorrortu Editores, Buenos Aires, 1973. Pág. 52.

67

Szilasi, Wilhelm. Op. Cit. Pág. 52.

XII. *Berkeley y el seudo-problema sujeto-objeto*

"... in a word all these bodies which compose the mighty frame of the world have not any subsistance without a mind, that their BEING *is to be perceivedor known*; that consequentely so long as they are not *actually perceived by me*, or do not exist in my mind or that of any other created spirit, they must either have no existence at all, or else subsist in the mind of some eternal spirit: it being perfectly unintelligible and involving all the absurdity of abstraction, to attributet o any single part of them *an existence independent of a spirit*".
BISHOP BERKELEY

Berkeley ha sido uno de los más lúcidos cuestionadores de una existencia "objetiva" del mundo no percibido o no conocido por la mente significante. Aun cayendo, tal vez, en un exacerbado idealismo metafísico, supo delimitar acertadamente las cuestiones inherentes al "sentido" o bien, "absurdidad" de un mundo supuestamente independiente del hombre. Más aún, inició el camino para el discernimiento de las cualidades con las que la mente es capaz de interpretar ese mundo: "Pero resulta evidente por lo que he anteriormente demostrado, que la extensión, figura y movimiento, son solamente ideas que existen en la mente, y que una idea no puede ser otra cosa que otra idea, y que consecuentemente ni ellas ni sus arquetipos pueden *existir* en una sustancia no-perceptiva. Por lo tanto es claro que la propia noción de lo que se conoce por materia, o sustancia corpórea, implica en sí misma una contradicción"[68].

El clásico planteo de si la realidad tiene o no tiene una existencia independiente de nuestra conciencia aparece, aquí, como un sofisma que es necesario erradicar, porque: "Concluyendo, si hubiera cuerpos externos, es imposible que alguna vez lo lleguemos a saber; y si no los hubiera, tendríamos las mismas razones para pensar que los hubiera que las que tenemos ahora"[69].

Bertrand Russell interpreta las consecuencias de esta tesitura berkeleyiana diciendo: "El desarrollo de este punto de vista nos llevará a la conclusión de que la distinción entre mente y materia es ilusoria. La materia del mundo puede ser llamada física o mental o ambas o ninguna, como nos guste; en efecto, las palabras

---

68

Berkeley, Bishop. *Theory of Vision and other writings*. Edited by Ernest Rhys Everyman's Library, Great Britain, 1929. Pág. 114. Traducción libre del autor.

69

Berkeley, Bishop. Op. Cit. Pág. 122. Traducción libre del autor.

no tienen sentido"[70]. Asimismo, luego de un exhaustivo estudio de las "características particulares" de la materia, Russell concluye que no existe nada en su naturaleza propia que constituya una revelación infalible[71] y, por lo tanto, tampoco hay fundamento para una diferenciación arbitraria entre ésta y el ser pensante que la percibe.

Por este camino llegamos, casi coincidentemente, a la indistinción fenomenológica que Husserl nos legaba, y a la eliminación consciente del seudo-problema sujeto-objeto. La tesitura berkeleyiana, al igual que la fenomenológica, cierra la cuestión clásica, y origina un corte abrupto, una posibilidad de iniciación.

70

   Russell, Bertrand. *Our knowledge of the External World.* Edited by George Allen & Unwin, London, 1972. Pág. 148. Traducción libre del autor.

71

   Russell, Bertrand. Op. Cit. Paráfrasis, Pág. 148 y sig. Traducción libre del autor.

XIII. *Russell y los universos particulares*

Ya en la propia especulación filosófica y llevando a sus máximas consecuencias la tesis berkeleyiana, Russell desentraña un montaje innovador: "El punto que nos concierne es que las percepciones del hombre son privativas de sí mismo; lo que yo veo, ningún otro lo ve; lo que yo oigo, ningún otro lo oye; lo que yo toco, ningún otro lo toca y así sucesivamente. Cierto, otros oyen y ven algo muy parecido a lo que yo oigo y veo, si están adecuadamente situados, pero siempre hay diferencias. Los sonidos son menos fuertes a cierta distancia, los objetos cambian si apariencia visual de acuerdo a las leyes de la perspectiva. Por lo tanto es imposible para dos personas al mismo tiempo tener exactamente percepción idéntica. Se sigue que el espacio de las percepciones, así como las percepciones, deben ser privados; hay tantos espacios perceptuales como seres que perciben"[72].

Si consideramos infinitos los individuos que perciben, son infinitos los universos percibidos. El mundo se hace multifacético, diverso, fragmentario, pero a la vez, continuo dentro de una duración en la que los segmentos se complementan. El mundo se hace privado del ser percipiente. La clásica pretensión de "verdad universal" y de leyes generales, declina en favor de un máximo de particularismo atingente a un espacio-tiempo individual y recíprocamente determinante. La realidad entonces se nos muestra como una trama de posibilidades probabilísticas que pueden comprenderse solamente como una cierta distribución de frecuencias dentro de un continuo.

Esto equivale al reconocimiento de la incertidumbre primaria de la que hablábamos anteriormente, de la inmersión en un punto ciego aparentemente caótico. Russell está reivindicando, de alguna manera, la valencia de la unicidad de la existencia con el conocimiento, el derecho a la aceptación de verdades múltiples y diversas, la vigencia y ascensión de los atomismos. Critica, insospechadamente, los moralismos dogmáticos de la "verdad científica tradicional", el poderío autocrático de la ciencia clásica.

Russell, Bertrand. *Our Knowledge of the External World.* Edited by George Allen & Unwin, London, 1972. Pág. 144. Traducción libre del autor.

XIV. *Física Contemporánea y los infinitos universos*

En su artículo "Einstein y la crisis de la razón", Merleau-Ponty sugería, al no encontrar una explicación plausible al hecho de que Einstein propusiera la relatividad, que Einstein "hacía popular la sinrazón"[73]. Así de abrupta fue la llegada de la lógica nueva de la Física Contemporánea, dentro de un mundo de científicos que se autocomplacían con la certeza de poseer un universo pulcro y ordenado, coherente y significativo, en el que no cabían las multiplicidades ni las imprecisiones.

La Teoría de la Relatividad amenazó ese ordenamiento inconmovible modificando los conceptos de espacio y tiempo, desterrando su carácter de absolutos e inexorables. Cuestionó que existiera, por ejemplo, *una duración temporal que corriera desde un pasado ilimitado hasta un futuro infinito.* "Gran parte de la oscuridad que ha envuelto la teoría de la relatividad se origina en la aversión humana a reconocer que el *sentido del tiempo, como el del color, es una forma de percepción. Tal como no existe el color sin un ojo que lo perciba, así, un instante o una hora o un día nada son sin un acontecimiento que los señale. Y tal como el espacio es simplemente un orden posible de objetos materiales, así el tiempo es simplemente un orden posible de acontecimientos"*[74].

Las consecuencias de este planteo son relevantes desde un punto de vista físico, pero también, desde el punto de vista filosófico. Implican cambios radicales en nuestro concepto de realidad: *no existe la simultaneidad ni el instante "ahora" independientes de un sistema de referencia.* Por tanto, *el instante "ahora" no ocurre en todo el universo; es propio, característico, solamente de las coordenadas con las que lo medimos.* Más aún, *"no tiene sentido hablar de sucesos que acontezcan simultáneamente en sistemas no relacionados"*[75]. *Cada sistema resuelve su tiempo-espacio de una manera particular, diríamos autónoma. La variable tiempo-espacio es la misma: "nadie ha observado jamás un lugar sino en cierto*

73

Merleau-Ponty, Maurice. *Signos*. Editorial Seix Barral, Barcelona, 1964. Pág. 239 y 240.

74

Barnett, L. *El universo y el doctor Einstein*. Fondo de Cultura Económica, México, 1971. Pág. 38.

75

Barnett, L. Op. Cit. Pág.40.

tiempo, ni un tiempo sino en un lugar"[76]. Tal como asegura Barnett[77] las mediciones de tiempo son de hecho mediciones en el espacio, y viceversa, las mediciones espaciales están supeditadas a las mediciones del tiempo. Un mismo instante ocurrirá en diferentes momentos para diferentes observadores. "La coordenada del tiempo, como la del espacio, será diferente en los dos SC (se refiere a sistemas de coordenadas) y la variación de la primera será tanto más notable cuando más se acerque la velocidad relativa, a la velocidad de la luz"[78].

Podríamos inferir de esto tres conclusiones prematuras:

a) El espacio-tiempo es una percepción del individuo, un sistema de referencia, tal como lo son las cualidades de color, forma, tamaño.

b) No tiene sentido hablar de una realidad objetiva separada de un observador percipiente ni plantearse cuestiones de espacio-tiempo fuera de los ámbitos con los que estamos en contacto perceptivo.

c) Si aceptamos que cada sistema tiene resueltas sus coordenadas autónomamente, y que estos valores no pueden generalizarse para todo el universo, entonces, o bien existen diversos "universos cerrados" o bien, por lo menos, un solo universo (el nuestro) cerrado y finito.

Barnett confirma las dos primeras conclusiones al decir: "Einstein llevó esta corriente de pensamiento (la relatividad) a sus últimos límites al demostrar que inclusive el espacio y el tiempo son formas de intuición que no pueden divorciarse de nuestra conciencia, al igual que los conceptos de color, forma o tamaño. El espacio no tiene realidad objetiva, excepto como un ordenamiento o disposición de los objetos que percibimos en él y el tiempo no tiene existencia independiente del orden de los acontecimientos mediante los cuales lo medimos"[79]. Encontramos aquí la misma coincidencia que habíamos notado en la Teoría de los Cuantas: el vínculo observador-observado como constituyente del conocimiento y la necesidad de "particularismo" de los valores de las variables. La noción de que la velocidad de todo movimiento altera la percepción del tiempo, estaba también sugerida por Russell cuando explicaba la privacidad de la percepción que cada observador tiene

---

76

Minkowski, Hermann. Citado por Omelianovski, M., en *La dialéctica de lo contradictorio en la Física Contemporánea*. Revista de la Academia de Ciencias de la URSS. N°4. Pág. 61.

77   Barnett, L. Op. Cit. Paráfrasis.

78

Einstein e Infeld. *La Física, aventura del pensamiento*. Editorial Losada, Buenos Aires, 1974. Pág. 179.

79

Barnett, L. Op. Cit. Pág.7.

del objeto observado: "Por lo tanto, es imposible para dos personas al mismo tiempo tener exactamente una percepción idéntica. Se sigue que el espacio de las percepciones, así como las percepciones, deben ser privados; hay tantos espacios perceptuales como seres que perciben"[80].

La tercera conclusión (c) a la que llegábamos está de alguna manera confirmada por la Física: "A mayor concentración de materia, mayor es la curvatura del espacio-tiempo. Y el efecto total es una completa curvatura del continuo espacio-tiempo; las distorsiones combinadas, producidas por las incomputables masas de materia, obligan al continuo a volverse sobre sí mismo, describiendo una gran curva cósmica cerrada. Por lo tanto, el universo de Einstein es no euclidiano y finito"[81]. Este universo finito y curvo, ligado inexorablemente a la factibilidad de ser percibido nos plantea la pregunta: ¿qué sucede tras los límites de este universo? De acuerdo a la tesitura berkeleyiana esta pregunta no tiene sentido. La Física Contemporánea trata de soslayarla mediante la utilización de la medición probabilística. Ella supone de alguna manera que lo que de hecho percibimos se relaciona con algo "más allá", aun cuando ello sea simplemente una condición necesaria a la formulación matemática, y no tenga existencia "per se". "Debemos aceptar o que hay innumerable multiplicidad de universos como el nuestro, o que, alternativamente, la noción de probabilidad falla cuando llegamos a un nivel demasiado profundo de los constituyentes del Universo", dice Taylor. Siempre sobre la conjetura de que habría una *totalidad* necesaria al modo descriptivo de la probabilística, agrega: "pero si las cosas están aisladas unas de otras por impenetrables horizontes fácticos (como lo estarían cada pareja de abismos negros muy separados)" –se refiere aquí a la teoría de los colapsares– "podemos legítimamente mirar a cada uno de esos universos como el único para sus habitantes. Como tales universos no se comunicarían ni afectarían entre sí, resultarían como superfluos cada cual respecto de los demás. En cambio, nosotros tendríamos que suponer que existen, para poder aplicar esas nociones de probabilidad. Si se viere que la probabilidad es esencial para comprender nuestro propio Universo en su más profundo nivel, habría que suponer que existen tales universos inobservables, los que sólo nos afectarían por las leyes de cambio que rigen en todos los universos"[82].

80

    Russell, Bertrand. *Our Knowledge of the External World.* Edited by George Allen & Unwin, London, 1972. Pág. 144. Traducción libre del autor.

81

    Barnett, L. Op. Cit. Pág. 84.

82

    Taylor, John. *Los abismos negros.* Editorial Emecé, Buenos Aires, 1975. Pág. 182.

Si aceptamos que la probabilidad es esencial para continuar, de alguna manera, buscando cierto grado de la regularidad que añoran los científicos clásicos en el funcionamiento de la supuesta totalidad, entonces, el número de estos universos múltiples debe suponerse infinito. De lo contrario, no serían factibles las leyes probabilísticas debido al margen de error que las distorsionaría. Concluyendo, de acuerdo a las nociones de la Física Contemporánea, vivimos en un universo cerrado, finito y aislados de otros que "coexisten" supuestamente, igualmente cerrados y aislados, dentro de una totalidad más amplia en la que suman infinito. Cada uno de estos universos cerrados manifiesta un espacio tiempo directamente ligado a las coordenadas en las que se sitúan sus observadores.

XV. *Continuidad e infinitud*

La matemática superior, en tanto sugiere una lógica de las relaciones entre entidades, presenta asimismo algunas paradojas interesantes, en especial, referentes a la naturaleza y validez de los llamados números infinitos. Muchas de las dificultades que se han presentado para la comprensión de los números infinitos radican en que se concibe a éstos como resultado del proceso de "contar". Dice Bertrand Russell: "El contar, por ser familiar, es erróneamente supuesto de ser simple, mientras que, de hecho, es un proceso altamente complejo, que no tiene ningún sentido a menos que los números a los que se llega contando tengan algún significado independiente del proceso por el que se llega a ellos"[83]. Russell encuentra que los números infinitos poseen dos propiedades que los números finitos no tienen: reflexividad y no-inductividad.

La reflexividad es la propiedad por la cual un número no aumenta si se le agrega la unidad ("se dice que un número es reflexivo cuando no aumenta sumándole la unidad a él"[84]). Por causa de esta propiedad, si existe un conjunto infinito de elementos, cualquier número finito puede ser agregado o desagregado sin que aumente o decrezca el número del conjunto. La consecuencia más importante de esta propiedad de los conjuntos infinitos radica, tal como Galileo lo había previsto, en que los adjetivos de "igualdad", "mayoridad" y "minoridad" no tienen sentido en referencia a números infinitos. Más aún, el significado de términos tales como "más grande que", "más largo que", carecen de sentido: "el número de puntos es el mismo en una línea larga y en una línea corta, siendo, de hecho, el mismo que el número de puntos en todo el espacio"[85]. O sea, se comienza a cuestionar la factibilidad del propio proceso de medición, sobre la base de la consideración de números infinitos.

La inductividad, propiedad que los números infinitos no poseen, consiste en la posibilidad de encontrar números mediante el proceso de contar (por ejemplo, los

---

83

Russell, Bertrand. *The Positive Theory of Infinity*. Lecture VII, *Our Knowledge of the External World*, Edited by George Allen & Unwin, London, 1972. Pág. 192. Traducción libre del autor.

84

Russell, Bertrand. Op. Cit. Pág. 194. Traducción libre del autor.

85

Russell, Bertrand. Op. Cit. Pág. 199. Traducción libre del autor.

números naturales enteros). Habíamos mencionado anteriormente que una característica de los números infinitos es que no pueden ser hallados por el proceso de contar; de allí, que sean no-inductivos.

El paradigma atingente a todas estas cuestiones consiste, de alguna manera, en la contradicción fundamental entre el propósito de los números infinitos de lograr una mayor precisión en la medición, por un lado, y la imposibilidad de llegar a lograrla debido al grado de indeterminación que implica su reflexibilidad. "En el caso de un conjunto infinito, la enumeración resulta imposible, de manera que la descripción a través de una característica general común y peculiar de los miembros de una clase es la única posible descripción"[86], dice Russell ateniéndose al problema. Los números infinitos fueron elaborados para mejorar la exactitud de la medición, y sin embargo, revelan, de alguna manera, que la medición, en el sentido estricto, es imposible. La consecuencia más notoria de esta peculiaridad es que los números infinitos deben, entonces, necesariamente, referirse a *clases de elementos* y sólo pueden ser interpretados en un contexto relativo a una clase. En otras palabras, los números infinitos conforman un sistema relacional de referencia a una clase de elementos.

Otro tema de importancia es el concepto de continuidad en matemáticas, porque posibilita el análisis del tiempo y del espacio, y más aún, puede ilustrar adecuadamente la teoría del movimiento. Si entendemos que el atributo de "continuidad" consiste en el pasaje de un objeto por puntos e instantes sucesivos, debemos igualmente concebir que el número de puntos e instantes existentes es infinito[87]. "La continuidad, en matemáticas, es una propiedad sólo posible en una *serie de términos*, por ejemplo, términos ordenados en cierto orden, de manera que nosotros podamos decir de dos cualesquiera de ellos que uno viene antes que el otro. Números por orden de magnitud, puntos de una línea, de izquierda a derecha, momentos de tiempo desde antes a después, son instancias seriadas"[88]. Si las series no se considerasen infinitas, habría interrupciones bruscas en la continuidad.

En las series compactas, o sea, aquellas en las que no existen dos términos consecutivos sino que entre dos términos cualesquiera siempre pueden encontrarse otros, las dificultades matemáticas son más notorias. En efecto, entre dos cualesquiera de los términos de una serie compacta, aparece el problema de la infinitud en el sentido de que el número de términos que hay entre dos términos consecutivos de una serie compacta, es infinito. Si ilustráramos este punto de

---

86

Russell, Bertrand. Op. Cit. Pág. 207. Traducción libre del autor.

87

Russell, B. *The Theory of Continuity*. Lecture V. Op. Cit. Pág. 135. Traducción libre del autor.

88

Russell, B. Op. Cit. Pág. 137. Traducción libre del autor.

enclavadura de los atributos de "infinitud" y "continuidad" por dos coordenadas **x** e **y**, en que **x** significa "continuidad" e **y** "infinitud" y situáramos dos términos consecutivos de la serie compacta **P**, tales como P_1 y P_2, tendríamos:

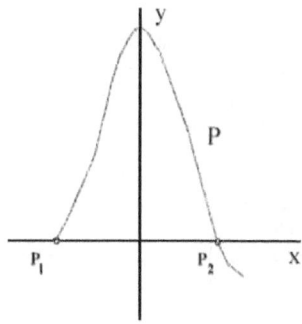

Observamos que si **y** puede tomar infinito número de valores, la transición de P_1 a P_2 tiende a detenerse. P_1 tiende a no poder alcanzar nunca el término P_2. Sin embargo, en la medida en que se considere la serie como continua, es necesario que sus términos estén ordenados de manera de que los valores de sus términos aumenten o decrezcan sin interrupciones que invaliden esa continuidad. Si consideramos, ahora, un elemento que se moviera a lo largo de las abscisas **x** en un movimiento continuo, y si quisiéramos definir, para una posición P_1, que existe un instante t_1, la misma contradicción se haría presente: para pasar del instante t_1 al instante t_2, el móvil debería transitar los infinitos **t** intermedios. Todo intento de medición precisa de algún **t** intermedio, nos llevaría a detener el móvil, y éste ya no podría analizarse en movimiento: "...la continuidad del movimiento se muestra en el hecho de que, cualquiera sea la cercanía de las dos posiciones y de los dos instantes, existe siempre un infinito número de posiciones todavía más cercanas y juntas, que son ocupadas en instantes que también están todavía más juntos. El móvil nunca salta de una posición a otra, sino que siempre pasa, por una transición gradual, a través de un número infinito de situaciones intermedias"[89].

Las paradojas estudiadas por Russell en el terreno de los números infinitos y de la teoría de la continuidad, se aplican, de alguna manera, al campo de la física del movimiento y al problema de la duración del tiempo. La imposibilidad de determinar, en un mismo instante, la posición y la velocidad de un electrón, coincide con esta relación inextricable entre continuidad e infinitud y hace necesario, tanto para las matemáticas como para la física, el uso de la probabilística. Por otra parte, nos aleja definitivamente de la posibilidad de medir la realidad exactamente, estrictamente. Llegamos, más bien, a la consideración de una realidad como entretejido de posibilidades virtuales, que se resuelven o realizan en un momento o de una manera inciertos.

Hay, finalmente, otro problema relativo a estos cuestionamientos: qué relación existe entre la velocidad del movimiento y la duración del intervalo de tiempo durante el cual se efectúa el movimiento. El tiempo "dura menos" en la medida en que la velocidad aumenta. Si suponemos que la velocidad de algún móvil puede superar la velocidad de la luz (cierto que la sugerencia es simplemente hipotética) y alcanzar cualquier valor infinito, seríamos testigos de la desaparición del tiempo, porque la duración del intervalo se aproximaría a cero. La paulatina "detención" del

Russell, B. Op. Cit. Pág. 142. Traducción libre del autor.

tiempo está íntimamente relacionada con el incremento de la velocidad. En la medida en que la velocidad va aumentando, la duración del intervalo temporal va decreciendo y aproximándose a la "instantaneidad", o sea nulidad del intervalo y máxima velocidad alcanzable dentro de un contexto. Así lo confirma Carl Sagan[90] cuando dice: "Ahora bien, la teoría de la relatividad, ideada por Einstein y verificada totalmente por medio de experimentos, fundamenta la doctrina de todos los físicos de que un cuerpo material no puede moverse con la misma rapidez que la luz. Pero la teoría de Einstein también tiene su contraparte, porque otra consecuencia de la relatividad es que, en el caso de un cuerpo veloz, como un vehículo espacial, el tiempo va deteniéndose, en comparación con el transcurso del tiempo en la Tierra". Se manifiesta aquí, una vez más, que el espacio-tiempo sólo puede evaluarse en función de un movimiento dentro de un sistema de referencia y que, las consecuencias más importantes de este hecho son que los máximos alcanzables en la velocidad de un cuerpo permiten, de alguna manera, regular o controlar el transcurso del tiempo en relación a ese cuerpo. He aquí, la manifestación del punto de enclavadura de la continuidad con la infinitud.

90

Sagan, Carl. Entrevista realizada por el U. S. News and World Report, transcripta por "La Opinión", Buenos Aires, 24 de agosto de 1975.

XVI. *Correlaciones precipitadas*

Son diversas las alternativas que ofrecen las correlaciones planteadas en capítulos anteriores. Una de las más definitorias consiste en la idea de la total supresión de la lógica tal como ha sido concebida por el racionalismo estricto y la necesidad de cambios en las formas de racionalidad. La vinculación entre sujeto y objeto de conocimiento postulada por la filosofía fenomenológica y demostrada por la física contemporánea tiende a establecerse como *coincidencia constitutiva del ser*. En tanto el proceso mismo de conocer aumenta su velocidad, se transforma, él mismo, en inmediatez y se autoelimina. O sea, la velocidad de la coincidencia sujeto-objeto "suprime" el propio proceso cognoscitivo: ya no es posible vislumbrarlo como etapas progresivas.

La intencionalidad fenomenológica de la conciencia es un movimiento tan veloz que no permite ser aislado o desagregado para su análisis. No consiste en un atributo "irracional", "ilógico" o "misterioso" de la conciencia sino en el estado de culminación de la utilización de los mecanismos del pensamiento: la desaparición de todo rastreo de etapas, la fusión de la mente con el mundo, la indistinción total. La característica sobresaliente de este fenómeno es la *inmediatez*, o bien, el uso de la máxima velocidad entre sujeto y objeto. La *direccionalidad* concluye en la coincidencia entre ambos, la correspondencia definitiva dentro de una realidad unitaria, que comienza su existencia *en virtud de* esta correspondencia.

Si esta tesitura fuera verosímil, muchas de las cuestiones epistemológicas y gnoseológicas de la ciencia se transformarían en pseudo-problemas o bien, en planteos que parcializan el problema.

Decíamos que la posibilidad de concebir una velocidad infinita en los mecanismos de la conciencia nos lleva a la consideración de una coincidencia inmediata constitutiva del mundo. Si ello ocurre, los conceptos de espacio y tiempo del universo newtoniano desaparecen: no podría hablarse de un pasado anterior a este presente, al que seguirá un futuro[91]. Se llegaría a concebir un presente "prolongado" y permanente, construido por sucesos pasibles de efectuarse en cualquier instante. El momento "ahora" duraría indefinidamente y no tendría sentido pensar en él como el emergente de una sucesión de estados que le precedieron y, a su vez, anterior a otros que le serán consecutivos.

Consecuentes con la idea de la unidad espacio-tiempo, y siguiendo la propuesta anteriormente esbozada, no se podrán definir lugares exactos en la trayectoria de la conciencia, pues estos estarán constantemente siendo abandonados por la velocidad máxima de ésta. Si la velocidad llegara a tomar cualquier valor infinito, desaparecería la idea de "estar en un lugar" e, incluso, de "estar aproximándose a

---

Mostepanenko, M. V. y A. M. *Tetradimensionalidad de espacio y tiempo*. Editorial Pueblos Unidos, Montevideo, 1968. Pág. 171 y sig.

un lugar". La correspondencia de esta situación con la necesidad de ubicación espacial nos llevaría a una hipótesis demasiado fantástica: la de que un cuerpo pensante podría estar en cualquier lugar instantáneamente, si quisiera.

Tal como Berkeley lo ha planteado, la cuestión de si la realidad existe independientemente del ser percipiente o a causa de éste, deja de tener sentido. Arribaríamos a la noción de *circunstancialidad* de lo existente. Las alteraciones percibidas en el mundo, tales como, por ejemplo, la transformación de materia en energía, podrían considerarse como una distinta percepción del aparato observador. De la misma manera, toda la aparente diversidad de la realidad observada. Diversidad, transformación, cambio, son conceptos importantes, que deben seguir vigentes, pero entendidos como una manifestación referida al observador, como un signo o una señal de un proceso que transita a través del observador, de la misma manera que a través de lo observado.

La gran interrogante del proceso de conocimiento, tal como fue entendido por la lógica formal, ha consistido en esa capacidad que el hombre posee de proyectarse fuera de sí para mirar y mirarse con cierta ajenidad y extrañeza. Sin embargo, la conciencia intenta medir la realidad que es ella misma, zigzagueando desde su dimensión a otras en un movimiento continuo de expansión-retracción que vuelve al hombre sobre sí mismo, tanto hacia el cosmos como hacia el microcosmos. Su afán lo agita pendularmente desde su yo diferenciado respecto de "lo otro" hasta la entropía total con su entorno, desde lo ordenado, hacia lo incierto e indeterminado.

De esta manera, el hombre se atreve constantemente a alterar imperceptiblemente su "tiempo" fisiológico, tal como el reloj de Einstein, que puede adelantar o enlentecer de acuerdo a la velocidad con que se acerque o se aleje de las coordenadas en las que actúa. Si la "intentio" fenomenológica es solamente una evidencia de la velocidad máxima alcanzable para la conciencia, ¿qué significa, entonces, la capacidad de imaginar y de recombinar que posee el hombre? La Física de Einstein sostiene que no es posible para un móvil moverse más rápidamente que a la velocidad de la luz. Los mecanismos de percepción del ojo humano, utilizando o no aparatos, perciben, por lo menos, con la velocidad de la luz. Si ello fuera cierto, cabe la pregunta: ¿con qué velocidad se desarrollan los procesos de abstracción y comprensión de lo percibido? ¿Es posible que el pensamiento pueda adquirir una velocidad mayor que la de la luz?

Si así se considerara, los tiempos se adelantarían con facilidad y en cualquier presente se podría "acceder" al "futuro" de una manera insólita: percibiendo casos o situaciones, que, dentro del entretejido de posibilidades probabilísticas que es la realidad, ocurrirán con cierta seguridad. Siempre comparados desde una lógica racionalista estricta, estos planteos lindan con la llamada ciencia-ficción, pero no por ello son menos "lógicos". Por el contrario, el universo tetradimensional de la relatividad coincide con esta hipótesis: o bien puede suponerse que el pasado y el futuro ocurren, en algún otro sistema de referencia, simultáneamente a este presente nuestro, o bien, que el tiempo es meramente una ilusión: "Cuando miramos a Arturo y decimos que la vemos "ahora", en 1949, estamos viendo realmente un fantasma –una imagen proyectada sobre nuestros nervios ópticos por rayos de luz que se alejaron de su fuente en 1912. La naturaleza no nos permitirá saber si Arturo existe "ahora" hasta 1988".[92]

La conclusión que se sigue es que la ciencia, consecuentemente con las correlaciones enunciadas, sólo podría abocarse al estudio de un contexto cerrado en sí mismo, un universo terminado, y, sin embargo, la probabilidad para hacer factible ese estudio exige la existencia de otros, infinitos, universos. Si la luz no puede penetrar en ellos –tal como lo afirma Taylor en su teoría sobre los colapsares– y no existe ningún cuerpo que supere la velocidad de la luz para atravesar esa "barrera", entonces tal vez sea solamente la conciencia del ser pensante la única capacitada para este viaje inverosímil.

Barnett, L. *El universo y el doctor Einstein.* Editorial Fondo de Cultura Económica, México, 1971. Pág. 40.

XVII. *Propuestas para una filosofía de la máxima entropía*

Sostener que la realidad se construye a través de la mente, o bien, afirmar que la realidad no existe sin la percepción que una conciencia hace de ella (Berkeley) equivale, igualmente, a la afirmación fenomenológica de una coincidencia irrevocable entre hombre y mundo, y ello pone fin a toda cuestión de autonomía de cualquiera de estos elementos sobre el otro. Siguiendo una correlación con la Física, esta indiferenciación puede asimilarse a la idea de máxima entropía. Según Schrödinger[93], se trata de un principio de la física estadística que interpreta una tendencia $K \log D$, siendo K la llamada constante de Boltsmann y D la medida cuantitativa del desorden atomístico del cuerpo en consideración. Así como toda la Física es pasible de connotaciones filosóficas, también este concepto.

Así lo sugiere Schrödinger, cuando intenta algunas proposiciones, preguntando qué es la vida a partir de esta tendencia particular de la materia de pasar del "orden" al "desorden" a medida que se eleva su temperatura: "La vida parece ser la conducta ordenada y regida por leyes, de la materia, no basada exclusivamente en su tendencia de ir siempre del orden al desorden, sino basada también en la existencia de un orden que es mantenido[94]. Asimismo, Schrödinger cuestiona en qué consiste la muerte: "¿Cómo expresar, en términos de teoría estadística, la maravillosa facultad de un organismo vivo, por la cual éste enaltece su caída en el equilibrio termodinámico (muerte)?"[95]. En efecto, un organismo vivo aumenta lenta y continuamente su entropía, y entonces, se acerca peligrosamente a la máxima entropía, que es la muerte o bien, la indistinción máxima con el entorno. Según Schrödinger, el metabolismo que se produce entre el organismo y el medio ambiente sirve para liberar al primero de alguna de la entropía que produce, para no llegar, aún, a la máxima, y así conservar su equilibrio vital. "Por lo tanto, el recurso por el cual un organismo se mantiene estacionario a un alto nivel de orden

---

93

Schrödinger, Erwin. *What is life?* Cambridge, The Macmillan Company, 1946. Pág. 78. Traducción libre del autor.

94

Schrödinger, Erwin. Op. Cit. Pág. 69. Traducción libre del autor.

95

Schrödinger, Erwin. Op. Cit. Pág. 74. Traducción libre del autor.

(aceptable bajo nivel de entropía) realmente consiste en la absorción continua de orden de su medio ambiente"[96].

Para la materia, de alguna manera, la muerte es el grado de indiferenciación total, la máxima entropía, la coincidencia exacta entre el sujeto y su medio, la finiquitación de toda dualidad. Paradójicamente, según Schrödinger, a la vida concierne la fluctuación, el intercambio, la oscilación entre el organismo y el medio. ¿Qué sucede entre la conciencia y lo percibido por ésta? ¿Propone la fenomenología, por lo menos a nivel del proceso de conocimiento, algún grado de mayor entropía que el alcanzado hasta ahora por las consideraciones de la lógica clásica y la lógica dialéctica? ¿Es factible que la tendencia entrópica de la materia sea susceptible de ser atribuida al pensamiento?

Es la Física Contemporánea la que propone profundas y urgentes investigaciones a la psicología: determinar por ejemplo la esencia de los procesos de pensamiento y las facultades perceptivas, su relación con el organismo "material" y con el mundo.

Schrödinger, Erwin. Op. Cit. Pág. 75. Traducción libre del autor.

XVIII. *Propuestas para las Ciencias Sociales*

Las correlaciones entre los elementos anteriormente presentados nos llevan a la consideración de la historia como una percepción que un sujeto posee del tiempo en relación al espacio en el que envejece. Su existencia no es válida más que como una percepción circunstancial asumida por una conciencia. Que los hechos históricos no "tienen" una vida propia e independiente de nosotros, aun los hechos considerados "pasados", que la relación causal se diluye o se mezcla de manera tan compleja que es imposible discernirla, que la historia aparece más bien como la factibilidad de algunas posibilidades, en última instancia, como una casualidad azarosa, son puntos que deben ser investigados.

Comenzaríamos por acercarnos a un concepto más adecuado de tiempo histórico. Por lo pronto, éste no podría ser unitario para todos los lugares. Cada espacio desarrollaría un tiempo autónomo: "el tiempo, en los países subdesarrollados, por ejemplo, es mucho más 'lento' que en los países desarrollados. Porque el tiempo implica, en realidad, percepción del tiempo y en esta percepción hay siempre un espacio incluido"[97] decíamos recientemente, basándonos en un estudio[98] sobre la percepción del tiempo en los indígenas de Guatemala: "Se ha comprobado que la vida de la mente aparte de encontrarse inmersa en el tiempo (unitario) posee una temporalidad propia..."[99]. En el caso referido de Guatemala, la situación colonial aparece como una situación de traumatismo total que implica la trastrocación de la percepción del tiempo y consiste en "una desorientación crono-psíquica, el desconocimiento de las fechas, días y horas en que se vive, generalmente provocados por falta de interés en la realidad"[100]. Asimismo, "los investigadores sociales comprueban con suma

---

97

Porzecanski, Teresa. *Lógica y Relato en Trabajo Social.* Editorial Hvmanitas, Buenos Aires, 1974. Pág. 23.

98

Flores, Angel. *Hoy: presente que se niega.* Guatemala, 1971. Mimeografiado.

99

Flores, Angel. Op. Cit.

100

Flores, Angel. Op. Cit.

frecuencia el desconocimiento de la edad propia y una notoria indiferencia ante el transcurrir del tiempo occidental, es decir, 'el tiempo del colonizador, el tiempo del ladino'. Mientras que a este último le parecerá que el habitante autóctono se encuentra fuera del tiempo, en total ignorancia de las metas temporales de la sociedad y de allí, razonará diciendo que el indio no quiere participar del desarrollo nacional, que es un 'lastre'; nosotros sostenemos que lo que sucede es que el habitante autóctono se encuentra efectivamente viviendo fuera del tiempo ladino, puesto que él como colectividad posee un tiempo propio, un tiempo original, un tiempo fuera del tiempo de occidente; un tiempo de fuga, un tiempo de defensa de la identidad del grupo y de conexión con lo que fue, pero ya no es"[101].

Este tipo de observaciones del mundo social está coadyuvando a un relativismo espacio-temporal desconocido en la pretensión de absolutismo del historicismo: se trata de un punto de partida particular, muy concretizado y de lograr una interpretación de alcances más cercanos, referida a un sistema de coordenadas más preciso (en este caso de Guatemala, la referencia se hace con respecto al "tiempo" del investigador del caso, el llamado "tiempo occidental"). En todos los casos, *la determinación de las coordenadas a partir de las cuales se percibe el hecho social*, es de fundamental relevancia como variable de la propia interpretación histórica que se construye.

Foucault anota algún intento de cambio en los cánones históricos clásicos, cuando dice: "…al ordenar el tiempo de los humanos según el devenir del mundo (en una especie de gran cronología cósmica como en los estoicos) o, a la inversa, al extender justo hasta las menores parcelas de la naturaleza el principio y el movimiento de un destino humano (un poco a la manera de la Providencia cristiana) se concebía una gran historia lisa, uniforme en cada uno de sus puntos que entrañarían en una misma deriva, una misma caída o una misma ascensión, un mismo ciclo, a todos los hombres y con ellos a las cosas, los animales, todo ser vivo o inerte, y hasta los rostros más calmados de la tierra"[102].

Sin embargo, a partir del siglo XIX, los hombres comienzan a liberarse de esta cronología continua y agobiante. "…La naturaleza no le habla ya de la creación o del fin del mundo, de su dependencia o de su juicio próximo; no habla más que de un tiempo natural; sus riquezas no le indican ya la antigüedad o el próximo retorno de una edad de oro; no hablan más que de las condiciones de la producción que se modifican en la Historia…"[103]. Posteriormente, la conjunción de estas

---

101

Flores, Angel. Op. Cit.

102

Foucault, Michel. *Las palabras y las cosas*. Siglo XXI Editores, México, 1968. Pág. 356.

103

Foucault, Michel. Op. Cit. Pág. 357.

interpretaciones con las ciencias naturales lleva al "saber" humano a una cierta "deshistorización". Pero Foucault cuestiona de inmediato esta nueva posibilidad. "Dado que el hombre no se da al saber positivo sino en la medida en que habla, trabaja o vive, ¿podrá ser su historia otra cosa que el nudo inextricable de tiempos diferentes, que le son extranjeros y son heterogéneos unos de otros?... Pero entonces el hombre mismo no es histórico; el tiempo le viene de fuera de sí mismo, no se constituye como sujeto de Historia sino por la superposición de la historia de los seres, de la historia de las cosas, de la historia de las palabras. Está sometido a sus acontecimientos puros"[104]. He aquí el paradigma de las ciencias sociales, tanto metodológico como conceptual: "Mientras más intenta la Historia rebasar su propio enraizamiento histórico, más esfuerzos hace para alcanzar, por encima de la relatividad histórica de su origen y sus opciones, la esfera de la universalidad..."[105]. Y, a la inversa de lo anterior: "...mientras mejor acepta su relatividad, más se hunde en el movimiento que le es común con lo que relata, más tiende entonces a la nimiedad del relato y todo el contenido positivo que se dio a través de las ciencias humanas se disipa"[106]. Esta permanente contradicción interna es la característica permanente del enfoque y los objetivos de las ciencias sociales: pretender superar su propia historicidad y consumarse en el descubrimiento de leyes universales, al tiempo que querer determinar con la mayor precisión la medida y el condicionamiento de los hechos sociales; intentar escapar a la particularidad relativista de los casos aislados, al mismo tiempo que pretender preverlos con cierto grado de exactitud; esforzarse por romper esta suerte de "circunstancialidad" conspicua de los hechos sociales y sin embargo querer fundamentarse a través de ellos. Tal como lo dice Foucault, "el historicismo y la analítica de la finitud se enfrentan uno con otra" porque la finitud se diluye en el relativismo histórico, que es por sí mismo, un determinante.

Sobre consideraciones similares la Física Contemporánea ha debido trascender el esquema newtoniano. La Teoría de la Relatividad ilustra acertadamente que la idea de espacio y tiempo absolutos despertaban idénticas contradicciones en la ciencia, que las que ahora enfrentan las Ciencias Sociales: establecían un universo infinito a la vez que buscaban su medición finita, querían descubrir leyes universales de predicción del futuro, al tiempo que "eternizaban" el presente.

104

Foucault, Michel. Op. Cit. Pág. 358.

105

Foucault, Michel. Op. Cit. Pág. 360.

106

Foucault, Michel. Op. Cit. Pág. 360.

Margenau ilustra, una vez más, el panorama de oposición entre medición e interpretación, diciendo, a partir de una interpretación de la realidad extrapolada de la Física: "Los datos tienen un carácter efímero, una espontaneidad rapsódica, una desnudez tan en contraposición con los ordenados instintos que penetran nuestro ser y con la unidad dada de nuestra propia experiencia que resultan inadecuados para formar la realidad. Las construcciones interpretativas, por otra parte, son volátiles, subjetivas y demasiado fértiles en implicaciones lógicas para servir, en su indiscriminada totalidad, como material para el mundo real..."[107]. Agrega que es necesario estudiar esta correspondencia y lograr una identificación de estos aspectos en la búsqueda de nuevas formas de concebir lo real.

Es posible pensar, además, que la teoría de la relatividad también será superada, porque las cuestiones que el universo einsteiniano deja planteadas, así como las incógnitas sentadas en la teoría cuántica, ya, de hecho, están permitiendo vislumbrar un nuevo gran problema: la relevancia o irrelevancia de lo azaroso dentro del esquema de la ciencia. ¿Cómo se procesará este paradigma dentro de un universo finito y cerrado? ¿No constituye un desafío al esquema relativista? Einstein así lo intuyó cuando se negó a aceptar las afirmaciones fundadas de Bohr y Heinsenberg sobre los cuantos, aun cuando ellas eran irrefutables. La propia necesidad de utilización de leyes probabilísticas está poniendo de relieve esta renovada contradicción, puesto que ellas no podrían utilizarse si no se concibiera un número infinito de posibilidades de efectuación.

107

Margenau, Henry. *La naturaleza de la realidad física.* Editorial Tecnos, Madrid, 1970. Pág. 402.

XIX. *Foucault: etnología y psicoanálisis, una ruptura*

"...al descubrir la ley del tiempo como límite externo de las ciencias humanas, la Historia muestra que todo lo que se ha pensado será pensado aun por un pensamiento que todavía no ha salido a la luz".
MICHEL FOUCAULT

Entre todas las ciencias sociales que se debaten en su paradójica existencia, la etnología y el psicoanálisis, entendido como ciencia, configuran una singular excepción, porque de alguna manera, son capaces de iniciar una ruptura del esquema circular congénito del historicismo.

Según Foucault, la etnología "suspende el largo discurso 'cronológico' por el cual intentamos reflejar en el interior de ella misma nuestra propia cultura, para hacer surgir correlaciones sincrónicas en otras formas culturales..."[108]. Su punto de partida es la singularidad del caso, la particularidad de un rasgo cultural, y sus coordenadas de análisis son casi siempre extraídas de ese mismo universo al que pretenden estudiar. Si bien esta tarea es harto difícil para el etnólogo "trasplantado" de una cultura occidental, el intento de corte epistemológico está presente y toda interpretación puede ser entendida como un margen de error.

El psicoanálisis, por otra parte, "al darse como tarea el hacer hablar a través de la conciencia al discurso del inconsciente, avanza en la dirección de esta región fundamental en la que se establecen las relaciones entre representación y finitud"[109]. Ambos, psicoanálisis y etnología, se sitúan en los mismos límites donde la barrera se cierra para las otras ciencias sociales, aun cuando Levy-Strauss las haya tildado de "contraciencias" en el sentido de que su poder cuestionador de las verdades sobre las que la construcción histórica se ha erigido, está destruyendo, a la vez que reconstruyendo, constantemente sus fundamentos.

Las teorías de la etnología contienen ellas mismas su rasgo de modestia, su relatividad, su particularismo, su conciencia de que la interpretación universal es incompatible con su proceso, y al mismo tiempo, denotan su apertura a una coexistencia cordial con lo diverso, con otras particularidades de otros universos. El psicoanálisis parte de la singularidad de los distintos universos perceptuales y

---

108

Foucault, Michel. *Las palabras y las cosas*. Siglo XXI Editores, México, 1970. Pág. 365

109

Foucault, Michel. Op. Cit. Pág. 363.

construye mundos cerrados en sí mismos, coherentes intrínsecamente, probables, poniendo en duda la existencia de una única realidad externa inmutable.

Ambos se instalan en una tendencia que Eliade[110] atribuye a los mitos arcaicos: la desvalorización del tiempo y la búsqueda de un presente atemporal, antihistórico y perenne.

Eliade, Mircea. *El mito del eterno retorno*. Alianza/Emecé Editores, Madrid, 1972. Pág. 82.

XX. *Nuevamente, propuestas*

Tal como en el caso de la Física Contemporánea, toda la Ciencia habrá de resignarse, tal vez, a ser descriptiva más que explicativa, a regresar a un análisis causístico antes que construir hipótesis de alta generalidad. ¿Sería ello una "regresión" en el saber humano? ¿Volveríamos a los tiempos precientíficos, o tal vez, la ciencia, tal como hoy se la conoce, sería sustituida por un oscurantismo misticista? El terror del hombre es llegar, a fuerza de descarte de pseudo-problemas, a una simplicidad indiferenciada del saber vulgar anticientífico. Pero los científicos olvidan que esta paradoja permite la alternativa inversa: encontrar una simplicidad distinta de aquella primaria que engendró la ciencia, un nivel de abstracción de distinta conformación, la ruptura de los cercos que han transformado a muchos planteos científicos en laberintos insolubles.

Es necesario traer la descripción del cosmos y del microcosmos a la vida cotidiana, que las nociones aceptadas de la ciencia sean accesibles a las formas de pensamiento nuevas. Se hace obligatorio superar la idea dicotómica de una realidad científica omnipotente que no podemos concebir y otra realidad, aparente, que somos capaces de vivir. Debe investigarse nuevamente el lugar primordial de la afectividad y la psiquis dentro de la conformación de la ciencia, sin temor a caer en el "subjetivismo" caduco. No aspirar a una ciencia purista, limpia del contacto con lo humano, sino a una ciencia comprehensiva dentro de la cual el hombre se desarrolla.

La ciencia deberá moverse dentro del margen entre un relativismo total y un universalismo absoluto, y crear teorías de corto alcance para grupos de casos muy concretizados, determinando muy bien cuáles son las coordenadas que se han elegido para describir, en relación a ellas, los fenómenos sociales. Evitar el misticismo ideológico, abandonar el "terror" al futuro, tratando de no presionar al presente científico para que nos dé indefectiblemente "indicios" o "predicciones" seguras sobre él, soportando los excesos de ansiedad y soslayando la necesidad de creer firmemente en una perdición o en una salvación inevitables.

Llevadas las correlaciones anteriores a sus consecuencias más audaces, suponen:

1) La existencia de multiplicidad de espacios perceptuales (Bertrand Russell). Ellos implican distintas apariencias o formas a través de las cuales se manifiesta lo externo. Ninguno de estos espacios perceptuales, por sí solo, puede aspirar a construir la verdad absoluta. Romper con la vieja idea de un realismo único y externo al ser y buscar nuevas formas de realismo (Margenau).

2) La existencia de múltiples universos finitos paralelos y cerrados, tanto a nivel de la física de la relatividad como a nivel de la filosofía fenomenológica. La pregunta es cómo superar la barrera de "entrada" y "salida" de ellos.

3) La necesidad del uso de leyes probabilísticas y no de leyes causales, ya que parece imposible llegar a determinar con absoluta precisión la esencia de un fenómeno. Las leyes probabilísticas pueden incluir, entonces, las variables azarosas o indeterminadas, con lo cual ganan representatividad.

4) El concepto de una realidad externa, que cambia por sus propias leyes, debe ser sustituido por el de una realidad como ocasión de efectuación de algunas de las posibilidades que son probables en cada situación concreta (Bridgman).

5) Es necesario el uso del concepto de tiempos múltiples, dejándose de lado toda noción evolucionista y aun dialéctica, de un tiempo único y universal. Cada núcleo humano deberá ser descripto en relación a sus propias coordenadas espacio-temporales (Foucault).

6) El vínculo sujeto-objeto, la posibilidad de afectación mutua entre ambos y la constitución perceptual de una realidad diversa y singular en cada conciencia, constituye un desafío. Las alternativas de la ciencia son claras: o bien la ciencia debe llegar a describir el mundo con el que coincidan todas las intencionalidades fenomenológicas, o bien, debe permitir la coexistencia de un infinito número de mundos singulares. Ambas posibilidades parecerían absurdas si no implicaran profundos cuestionamientos de la lógica de las ciencias y de la metodología de la investigación científica.

En conclusión, estamos en el umbral de nuevas formas de racionalidad y de realidad que apareen como necesarias para la posibilidad de desarrollo de las ciencias. La pérdida de contacto perceptivo con la realidad "clásica" significará, tal vez, la posibilidad de entrada en universos paralelos. Los procesos racionales sufrirán una aceleración y podrán "disolverse" bajo la instantaneidad de las aprehensiones intuitivas. Posiblemente, este nuevo hombre podrá moverse en un supra-espacio, regulando su tiempo fisiológico en función de la velocidad con que se mueve. Y llegará el momento de plantearse, a nivel puro, en qué lugar del saber científico se radicarán los problemas de la eticidad del hombre, una vez que se comprenda que las ciencias sociales no pueden asumirlos sin desgarrarse. Pero esto es ya, el tema de otras elucubraciones.

INDICE

www.ingramcontent.com/pod-product-compliance
Lightning Source LLC
Chambersburg PA
CBHW020903310526
45786CB00018B/1697